Editorial

Die barfüßige Großmacht

Bei der Pressekonferenz geben sich die Vertreter des Industrieverbandes in Delhi optimistisch, schwärmen von der indischen Wirtschaft, als läge ihr die Welt zu Füßen – vielleicht noch nicht heute, aber bestimmt morgen. Schließlich meldet sich ein Journalist zu Wort und erinnert daran, dass Indien doch in vielem deutlich hinter China zurückliege. »Aber nicht mehr lange«, protestiert einer der Manager, »denn unsere Bevölkerung ist durchschnittlich 23 Jahre alt, Chinas dagegen 32. Wir sind bald viel produktiver, während China alt und grau wird.«

Inder sind die Vergleiche mit ihrem Nachbarn China leid, schließlich schneiden sie in der Regel schlechter ab. Zugleich aber messen sie sich selbst dauernd an China. Umso mehr freuen sie sich, wenn Indien einmal besser dasteht.

Im Bevölkerungswachstum, das über lange Zeit als Entwicklungsbremse galt und von Indira Gandhi noch mit Zwangssterilisationen bekämpft wurde, sieht die politische und wirtschaftliche Elite Indiens neuerdings einen großen Vorteil. Laut Prognosen wird Indien (knapp 1,2 Milliarden Einwohner) im Jahr 2025 China (1,33 Milliarden Einwohner) als das bevölkerungsreichste Land der Welt überholen.

Produktiv können die jungen Inder allerdings nur sein, wenn sie dazu auch in die Lage versetzt werden. Zwar hat Indien ein paar bedeutende und international anerkannte wissenschaftliche Institute und Forschungseinrichtungen. Doch die allgemeine Bildungssituation ist desolat. Noch immer gehen zu wenig Kinder überhaupt zur Schule. An der Abendschule im ländlichen Rajasthan drängen sich 35 Schülerinnen auf dem kalten Boden und sprechen im Chor dem Lehrer nach. Draußen ist es längst dunkel, die meisten Kinder sind seit fünf Uhr morgens auf den Beinen. Doch diese provisorische Schule einer Hilfsorganisation ist ihre einzige Chance. Auf die Frage des Besuchers, warum sie nicht wie ihr Bruder tagsüber in die reguläre Schule gehe, sagt ein Mädchen: »Ich muss die zwei Ziegen meiner Familie hüten.«

Beim abendlichen Besuch eines Dorfes in Andhra Pradesh liefert der Generator gerade genug Strom für die Lautsprecher und eine einzige Lampe auf der Bühne. Mehrere hundert Frauen sind gekommen, um über die Probleme in ihren Dörfern zu sprechen. Sie haben hier im Kampf gegen die häusliche Gewalt schon durchgesetzt, dass der Verkauf von Alkohol eingeschränkt wurde. Jetzt diskutieren sie über Fragen der Landwirtschaft.

Es war vor allem die Landbevölkerung, die im Jahr 2004 dafür sorgte, dass Ministerpräsident Chandrababu Naidu abgewählt wurde. Der Liebling des Weltwirtschaftsforums hätte aus Hyderabad, der Hauptstadt von Andhra Pradesh, am liebsten Cyberabad gemacht. Deshalb hatte er die Unternehmensberatung McKinsey damit beauftragt, den Entwicklungsplan für den Bundesstaat zu schreiben. Die Bauern lehnten den Plan ab – und Naidu bekam die Quittung.

Die bevölkerungsreichste Demokratie der Welt ist im Aufbruch: ein Entwicklungsland, das den Anschluss an die globalisierte Weltwirtschaft sucht; eine Atommacht, die gegen den Analphabetismus kämpft; der Dienstleister der Welt, der die armen Bauern ihrem Schicksal überlässt.

Dieses Heft erteilt insbesondere engagierten Frauen und Männern aus Indien das Wort. Sie interessieren sich weniger für heilige Kühe und Gurus als für die Wirklichkeit ihres Landes und wie sie sich verändert und verändert werden kann.

Sven Hansen

Sampat Pal Devi, Gründerin einer Frauengruppe, deren Mitglieder sich in pinke Saris kleiden und deshalb »Gulabi Gang« (die rosarote Bande) genannt werden, spricht zu einer Versammlung. Die mit Bambusstöcken bewaffnete Selbsthilfegruppe von Frauen der untersten Kasten in Uttar Pradesh versucht mit unorthodoxen Mitteln und zivilem Ungehorsam die Situation der Frauen zu verbessern.
BILD: AKSHAY MAHAJAN

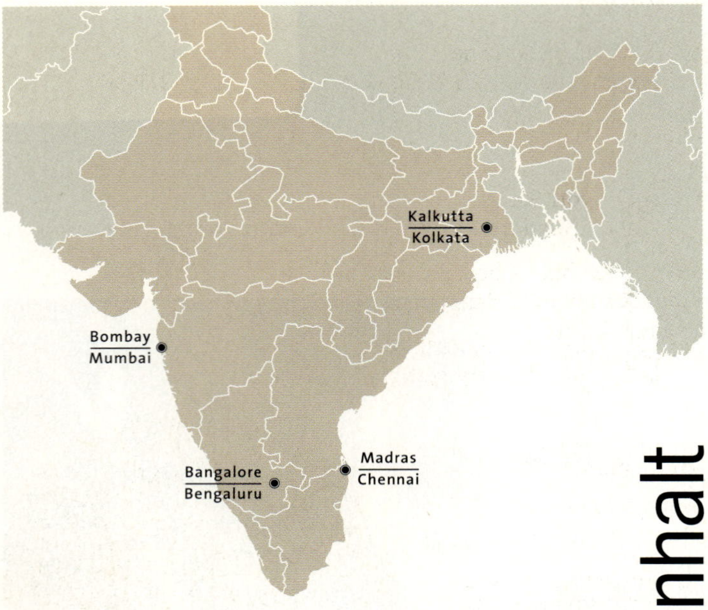

Bombay oder Mumbai?

Einige indische Städte sind in den letzten Jahren umbenannt worden. Doch oft werden noch die alten Namen verwendet, wie es auch in dieser Edition geschieht. Die bekannteste Umbenennung ist die von **Bombay** in **Mumbai.** Der Ursprung des Namens Bombay geht wohl auf die Portugiesen zurück, die den Ort Bombaim (Gute Bucht) nannten. Bei der Umbenennung 1995 argumentierte die in der Stadt regierende hindunationalistische Shiv-Sena-Partei, dass ein dortiges Dorf vor Ankunft der Europäer in der Marathi-Sprache nach der Hindu-Göttin Mumbadevi benannt war.

Chennai, wie **Madras** seit 1996 offiziell heißt, kommt wahrscheinlich vom Namen eines Dorfes, das sich um ein britisches Fort entwickelte: Chennai pattinam. Madras pattinam hieß ein nördlicheres Dorf, dessen Name wohl eine Abwandlung des Portugiesischen »Madre de Deus« (Mutter Gottes) ist. Als die Briten das Gebiet im 17. Jahrhundert übernahmen, führten sie die zwei Orte zusammen. **Kalkutta** wurde im Bengalischen schon immer **Kolkata** genannt, wie die Stadt seit 2001 offiziell heißt. Der Name geht womöglich auf das Dorf Kalikata zurück, dass auf dem Wort »Kalikshetra« (Land der Göttin Kali) basiert. Die Umbenennung korrigierte nur die falsche Aussprache im Englischen, die aber noch viel genutzt wird.

Seit 2005 ist **Bengaluru** wieder der Name für **Bangalore,** was eine anglisierte Version des ursprünglichen Namens ist: »Bengaval-uru« (Stadt der Wächter) hieß die Stadt in der Regionalsprache Kannada bereits bei der Gründung im 9. Jahrhundert. Die Umbenennung durch den Bundesstaat Karnataka kam besonders bei der Lokalwirtschaft schlecht an, da Bangalore als Softwaremetropole weltweit bekannt ist. Auch die Zentralregierung hat bisher den neuen Namen nicht genehmigt.

Lalon Sander

INDIEN UND DIE GLOBALISIERUNG

Inhalt

Demokratie und Gesellschaft

Wirtschaft und Umwelt

PORTRÄTS

CHRONOLOGIE

Indien (abgebildet als alter Mann) muss sich entscheiden zwischen Zusammenarbeit mit der kolonialen Regierung, Gewalt oder gewaltfreier Nichtkooperation. Ein Plakat der Kongresspartei aus den 1920er-Jahren *(Siehe Seite 99).*
BILD: BRITISH LIBRARY, LONDON

Impressum

Edition Le Monde diplomatique N° 7 • 2010

Redaktionsadresse Deutschland
Rudi-Dutschke-Straße 23, D-10969 Berlin
Telefon +49 (0)30 259 02-276
Fax +49 (0)30 259 02-676

Redaktion: Sven Hansen (v. i. S. d. P.), Barbara Bauer, Dorothee D'Aprile, Niels Kadritzke
Bildredaktion und Gestaltung: Adolf Buitenhuis

Verlagsadresse Deutschland
taz Verlags- und Vertriebs GmbH
Rudi-Dutschke-Straße 23, D-10969 Berlin
Telefon +49 (0)30 259 02-0

Anzeigen: Zoé Sona
Telefon +49 (0)30 259 02-318,
zoe@monde-diplomatique.de

Verlag und Redaktion Frankreich
Le Monde diplomatique
1–3 rue Stephen Pichon, F-75013 Paris
Telefon +33 (0)1 53 94 96 01
Fax +33 (0)1 53 94 96 26

Gründer: Hubert Beuve-Méry
Direktor: Serge Halimi
Chefredakteur: Maurice Lemoine
Stellvertreter: Martine Bulard, Philippe Rivière, Anne-Cécile Robert
Redaktion: Alain Gresh, Pierre Rimbert, Dominique Vidal
Kartographie: Philippe Rekacewicz
Dokumentation: Olivier Pironet
Sekretariat: Sophie Durand, Monique Salomé

Internet: www.monde-diplomatique.de

Druck: Henke Rollenoffset, Brühl • Printed in Germany

ISSN 1864-3876 • ISBN 978-3-937683-27-0

Stolz, Zynismus und Spektakel

So abgedroschen es auch klingen mag: In Indien trifft jede Aussage ebenso zu wie ihr Gegenteil. Die gesellschaftlichen Gegensätze und inneren Widersprüche sind hier noch vielschichtiger, noch verwirrender als anderswo. Das gilt sogar für das stolze Selbstverständnis als »größte Demokratie der Welt«.

Einerseits ist allein die Durchführung von Parlamentswahlen bei 714 Millionen Wahlberechtigten eine atemberaubende Leistung. Jeder Wahlkampf ist ein Riesenspektakel, die Beteiligung liegt regelmäßig bei über 60 Prozent, das sind 20 Prozent mehr als in den USA. Andererseits: Was ist von Wahlentscheidungen zu erwarten, wenn etwa ein Drittel der Bevölkerung nicht lesen und schreiben kann?

Schon stößt man auf den nächsten Widerspruch: Gerade in den Dörfern – wo die Analphabetenrate besonders hoch ist – stehen die Leute am Wahltag Schlange. Während die Mittelschicht ihre Probleme lieber individuell löst und die Elite ein eher zynisches Verhältnis zur Demokratie hat, sind die Ärmeren hoch motiviert, ihren Enttäuschungen und Hoffnungen auf dem Wahlzettel Ausdruck zu verleihen. Sie informieren sich über Radio, Vorleser, gemeinsames Fernsehen, und sie schaffen es immer wieder, die Regierungen in Delhi aus dem Amt zu jagen. Die Kongresspartei hatte ihnen mit einem

Politische Kultur

Schulspeisungsgesetz und der 100-Tage-Beschäftigungsgarantie für ein Mitglied jeder Familie mehr gebracht als zuvor die hindunationalistische BJP – und wurde bei den Wahlen 2009 im Amt bestätigt.

Aber das ist nur ein Teil der Wahrheit. Nach wie vor werden besonders in ländlichen Regionen viele Stimmen gekauft, ganze Dörfer von lokalen Feudalherren manipuliert und muslimische oder hinduistische Organisationen je nachdem begünstigt oder diskriminiert. Vor allem aber spielen Regionalparteien und die von ihnen repräsentierten ökonomischen Interessen eine zunehmend wichtige Rolle. Und die Kastenzugehörigkeit ist immer noch von großer Bedeutung – den strengen Quotengesetzen zum Trotz, die der Diskriminierung eigentlich entgegenwirken sollen.

Die Lebendigkeit dieser Demokratie zeigt sich aber auch in einer äußerst vielfältigen Zivilgesellschaft. Nichtregierungsorganisationen (NGOs) leisten Sozialarbeit auf unterster Ebene, streiten für die Umwelt, nehmen Einfluss auf die Gesetzgebung. Verstärkt wird ihre Wirkung durch die vielen lokalen Radiostationen, Fernsehsender und Zeitungen in Regionalsprachen, die Indien zu seiner bunten Medienlandschaft verhelfen.

Andererseits endet die selbstverständliche Pressefreiheit spätestens in den besetzten Gebieten Kaschmirs und den ärmsten Regionen, wo maoistische Gruppen oder Separatisten Fuß gefasst haben. Hier wurden mehrfach Reporter, die zwischen den Fronten arbeiten, von der Polizei behindert oder inhaftiert. Deshalb rangiert Indien auch auf dem Index der Pressefreiheit von »Reporter ohne Grenzen« im hinteren Drittel.

Aber wieder gibt es das Andererseits: Dank eines weit reichenden Informationsrechts für Bürger (Right to Information Act; RIA) sind Demokratieverletzungen leichter öffentlich zu machen. Und dank des RIA laufen korrupte Politiker, Beamte und Polizisten auch Gefahr, an den Pranger gestellt zu werden.

Prannoy Roy, der Chefredakteur des Fernsehsenders NDTV, verweist gern auf den Essay »Der diskutierfreudige Inder« des Wirtschafts-Nobelpreisträgers Amartya Sen: In Jahrtausenden des Zusammenlebens von verschiedensten Religionen und Kulturen hätten sich die Inder in ständigem Beobachten, Analysieren, Abwägen, Bewerten und Debattieren geübt. Schon deshalb, glaubt Roy, haben seine Landsleute die Demokratie »in den Genen«.

Christiane Grefe

अध्याय 1

(*Deutsch:* Kapitel; *Transliteration:* adhyay)

(1)

१

एक

(*Deutsch:* eins; *Transliteration:* ek)

Demokratie und Gesellschaft

Die Liebe zur Demokratie

Anders als die Angehörigen der Eliten nehmen die Armen ihr demokratisches Recht wahr und gehen zur Wahl

Von Praful Bidwai Journalist in Delhi und Fellow des Transnational Institute in Amsterdam.

Die Präambel der am 26. Januar 1950 in Kraft getretenen indischen Verfassung verspricht allen Bürgern »soziale, wirtschaftliche und politische Gerechtigkeit, Meinungs- und Glaubensfreiheit, Ebenbürtigkeit und Chancengleichheit«. Für die meisten Inderinnen und Inder hat sich all das bis heute nicht erfüllt. Indien ist nach wie vor eine gespaltene, ungleiche und instabile Gesellschaft, geprägt von Armut und Kastendenken. Und doch ist Indien eines der wenigen Länder der Dritten Welt, in denen die Demokratie Wurzeln geschlagen hat und wo Wahlen wie Volksfeste zelebriert werden. Wer sich über die Zukunft der Menschheit Gedanken macht, dem kann die Lage von einem Sechstel der Weltbevölkerung nicht gleichgültig sein.

In den vergangenen sechzig Jahren hat Indien große Fortschritte gemacht. 1950 betrug die Lebenserwartung 32 Jahre, heute liegt sie bei 68 Jahren. Damals konnten nur 18 Prozent der Bevölkerung lesen und schreiben, heute immerhin 68 Prozent, wobei viele von ihnen nur Grundkenntnisse besitzen. Die Kindersterblichkeit ist in Indien mit 53 von 1000 Geburten zwar immer noch erschreckend hoch, doch gegenüber 1950, als von 1000 Neugeborenen 134 die ersten Monate nicht überlebten, um mehr als die Hälfte gesunken.

Wichtiger aber ist, dass sich die Demokratie in Indien gefestigt hat. Abgesehen von eineinhalb Jahren Notstandsregierung (1975–1977) unter Indira Gandhi war die Verfassung formell nie außer Kraft gesetzt. Und anders als in vielen Ländern der Dritten Welt hat sich das Militär aus der Politik weitgehend herausgehalten.

In den vergangenen sechzig Jahren erlangten hunderte Millionen Inder gesellschaftliches Ansehen, die früher vom politischen Leben ausgeschlossen waren, weil sie entweder zu arm waren oder einer der unteren Kasten der Hindu-Hierarchie angehörten. Die indische Demokratie ist lebendig und dynamisch. Anders als in vielen westlichen Ländern wählen gerade die Armen mit Begeisterung und in großer Zahl. Es ist ihr Verdienst, dass die Wahlbeteiligung in den letzten vier Jahrzehnten von rund 50 auf 65 Prozent gestiegen ist. Dagegen verzeichnen die beiden reichsten Wahlkreise des Landes, South Mumbai und New Delhi, die niedrigsten Wahlbeteiligungen von allen.

Schon oft haben Indiens arme Wähler ihre Politiker abgestraft. In den letzten 25 Jahren wurden in den 28 Bundesstaaten und 7 Union Territories drei Viertel der Regierungen schon nach einer Legislaturperiode oder früher wieder abgewählt. Auf Bundesebene wurden seit 1977 nur zwei Premierminister im Amt bestätigt, wobei allerdings ihre Parteien die Parlamentsmehrheit verloren. Die Kongresspartei, deren Koalition 2009 wiedergewählt wurde, verfügt nur über 205 von 543 Sitzen im Unterhaus. Wieder einmal hat das indische Volk seiner Regierung eine Abmahnung ausgesprochen.

Verwunderlich ist das nicht. Denn Indiens Regierungen leisten dem Wahlvolk beileibe keine guten Dienste. Ihr Versagen lässt sich in fünf Punkten zusammenfassen: Fortbestand der Kastenhierarchie, religiöse Diskriminierung, systematische Verletzung der Menschenrechte (die insbesondere die Besitzlosen trifft), Diskriminierung der Frauen und Versagen der staatlichen Versorgungssysteme im Kampf gegen Armut und wachsende Ungleichheit.

Die Kastendiskriminierung, obgleich gesetzlich verboten, bestimmt nach wie vor den indischen Alltag, vor allem auf dem Land, wo immer noch zwei Drittel der Bevölkerung leben. Besonders hart ist es für die Dalits, die ehemals kastenlosen »Unberührbaren«, die ein Sechstel der Bevölkerung ausmachen. Dalits besitzen in der Regel kein eigenes Land. Mehr als die Hälfte ist unterernährt. In der Schule dürfen Dalits nicht neben den anderen Kindern sitzen oder essen und müssen als Einzige ihr Geschirr selbst abspülen. In vielen Bundesstaaten führen sie ein Leben wie unter der Apartheid, isoliert vom Rest des Dorfs. Sie dürfen kein Wasser aus dem Brunnen schöpfen und müssen ihre Schuhe ausziehen, wenn Sie die Häuser von höheren Hindus betreten.

Über ein Jahrhundert haben indische Sozialreformer und Antikolonialisten gegen das Kastenwesen und seine Verankerung in Religion und Brauchtum gekämpft. Aber diese Bewegung ist heute nahezu verstummt. Kaum ein Theologe oder religiöses Oberhaupt spricht noch davon, das Kastenwesen abschaffen zu wollen.

Seit der Unabhängigkeit im Jahr 1947 entstanden immer wieder Parteien, die für das Selbstbestimmungsrecht der Unterschichten und Minderheiten eintraten. Doch bis heute setzt sich im gesellschaftlichen Umgang, bei Eheschließungen, in Familien und traditionellen Zeremonien, das Kastendenken durch. Gravierender ist jedoch, dass auch die Beamten es als Normalzustand betrachten. Die wichtigen und einträglichen Posten in Verwaltung und Privatwirtschaft besetzen nach wie vor Angehörige der oberen Kasten.

Dabei hat Indien im Bildungswesen und in Behörden die »positive Diskriminierung« mit Einstellungsquoten

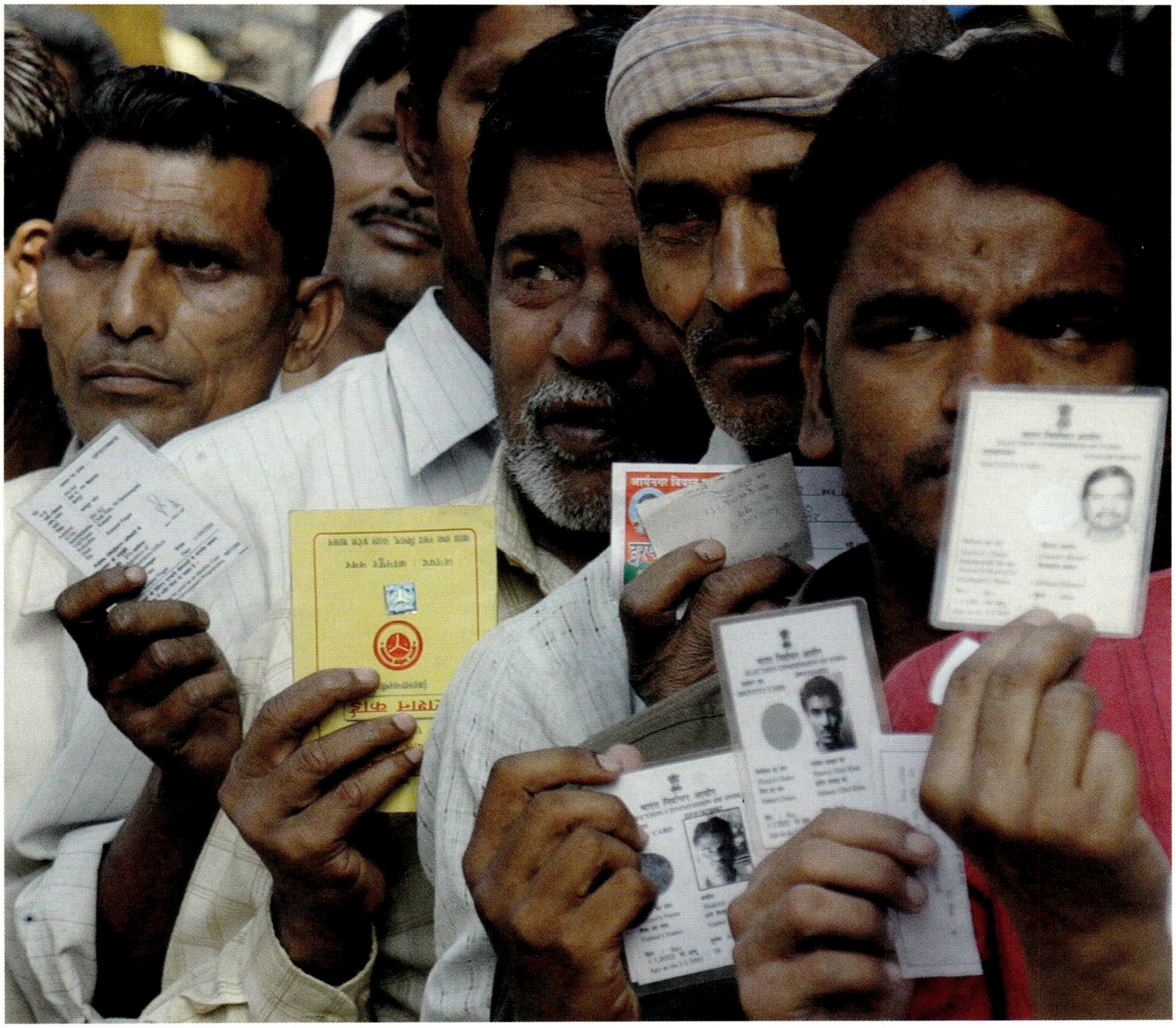

Männer zeigen ihre Wahlausweise, während sie am 18. April 2007 vor einem Wahllokal in Shahjahanpur im Bundesstaat Uttar Pradesh Schlange stehen.
BILD: REUTERS | PAWAN KUMAR

für Dalits und Adivasi[1] eingeführt. In vielen Bundesstaaten und bei der Zentralregierung ist seit zwei Jahrzehnten ein bestimmter Anteil der frei werdenden Stellen offiziell den »Anderen Rückständigen Klassen« (Other Backward Classes, OBC) vorbehalten. Die Praxis sieht jedoch anders aus. Kastendiskriminierung findet sogar in modernen Eliteuniversitäten statt wie dem All-India Institute of Medical Services. Selbst hier müssen Dalits in den nur für sie vorgesehenen Gebäuden schlafen und essen.

Ebenso problematisch ist die Diskriminierung von Nichthindus, von der besonders die 13,5 Prozent Muslime im Land betroffen sind. Neben den Dalits und Adivasi sind sie Indiens ärmste und in Sachen Bildung und gesellschaftlicher Integration am weitesten abgeschlagene Minderheit. Nur 5 Prozent der Angestelltenposten in der öffentlichen Verwaltung sind mit Muslimen besetzt. Damit sind sie deutlich unterrepräsentiert. Öffentliche und kommunale Dienstleistungen werden ihnen oft vorenthalten.

Zudem sind sie in den letzten Jahren immer mehr ins Visier des politischen Hinduismus geraten. Die radikale Hindupartei Bharatiya Janata Party (BJP) sowie die rechtsradikale Kaderorganisation Rashtriya Swayamsevak Sangh (RSS) – ein streng hierarchisch und sektenartig organisierter Männerbund, der den Nazis nacheifert – geben den Muslimen die Schuld an der Teilung Indiens vor 63 Jahren und bezeichnen sie als die Fünfte Kolonne Pakistans und der Dschihad-Terroristen.

Immer wieder werden Muslime Opfer von Pogromen, wobei die Verantwortlichen in staatlichen und kommunalen Institutionen sich schon oft mitschuldig gemacht haben. Das letzte Pogrom ereignete sich im Jahr 2002 im Bundesstaat Gujarat. Damals wurden 2000 Muslime mit Wissen und Duldung der dortigen BJP-Regierung verbrannt und niedergemetzelt. Die indische Zentralregie-

1 Acht Prozent der Bevölkerung sind Adivasi; die Nachfahren der indischen Ureinwohner gehören zu den Ärmsten der Armen und leben zumeist bis heute von den Erzeugnissen des Waldes.

rung nimmt den Kampf gegen die Hindu-Fundamentalisten nicht beherzt genug auf und lässt die Schuldigen der antimuslimischen Pogrome oft entkommen.

Auch die Sikhs sind vor der Gewalt der Hindunationalisten nicht sicher. Als im Jahr 1984 ein Sikh die damalige Premierministerin Indira Gandhi ermordete, kam es zu einer Hetzjagd auf Sikhs, die äußerlich an ihren kunstvoll gebundenen Turbanen zu erkennen sind. In jüngster Zeit häufen sich außerdem Übergriffe auf die christliche Minderheit (die zwei Prozent der indischen Bevölkerung stellt).

Der politische Hinduismus, dessen Anhänger 1948 in die Ermordung Mahatma Gandhis verstrickt waren, leugnet die ethnische, religiöse und Sprachenvielfalt Indiens. Seit der Gründung des RSS im Jahr 1925 beansprucht er die Vorherrschaft für Indiens hinduistische Mehrheit (die 80 Prozent der Bevölkerung stellt).

Bis in die 1980er-Jahre hinein fand die BJP trotz ihres populistischen Auftretens wenig Anklang. Dann trat 1990 der damalige BJP-Vorsitzende Lal Krishna Advani eine aggressive Kampagne für den Abriss einer Moschee aus dem 16. Jahrhundert in Ayodhya[2] los. Diese sei, so seine völlig haltlose Behauptung, auf den Ruinen eines Hindutempels errichtet worden. Seine Partei gewann damit so viele Anhänger, dass sie von 1998 bis 2004 das Land in einer Koalition regieren konnte.

Für die BJP ist die Demokratie nichts weiter als ein Instrument, um an die Macht zu kommen. Von der Gleichheit der Bürger will sie nichts wissen. Sie erlangte nie mehr als 26 Prozent der Stimmen. Viele Hindus haben sich inzwischen von ihr abgewendet. Obgleich sie noch in sechs Bundesstaaten regiert, scheint ihr Niedergang unaufhaltsam.

Nach wie vor ringt der indische Staat um die Trennung von Staat und Religion. Diese wird auch von den politischen Parteien – einschließlich der seit fünfzig Jahren regierenden oder mitregierenden Kongresspartei – oft unterlaufen. Von einer konsequenten strafrechtlichen Verfolgung religiöser Hetzreden und religiös motivierter Verbrechen ist das Land noch weit entfernt.

Auch der in der Verfassung versprochene umfassende Pluralismus existiert nicht. Verletzungen von Bürgerrechten durch den Staat sind weit verbreitet. So dienen etwa dreißig drakonische Gesetze unter anderem dem Kampf gegen den Terror. In Kaschmir und der Konfliktregion im äußersten Nordosten dürfen Soldaten mutmaßliche Aufständische erschießen, ohne irgendeine Art der Strafverfolgung befürchten zu müssen.

Indien ist kein Rechtsstaat. Der Polizeiapparat ist durch und durch korrupt. Wer Polizist werden will, muss etwa das Zwanzigfache eines durchschnittlichen Monatseinkommens an Bestechungsgeld aufbringen. Bei der Vorbeugung oder Aufklärung von Straftaten sind die Kriminalbeamten nicht sonderlich effizient, während Streifenpolizisten berüchtigt dafür sind, armen Straßenverkäufern, Rikschafahrern und Bettlern Geld abzupressen.

In Untersuchungsgefängnissen kamen zwischen 1994 und 2008 fast 17000 Menschen ums Leben, mit deutlich ansteigender Tendenz seit dem Jahr 2000. Immer wieder kommt es zu außergerichtlichen Exekutionen, die fälschlich als »Feindkontakte« und damit als Selbstverteidigung der Soldaten dargestellt werden. Polizei und staatliche paramilitärische Einheiten haben in letzter Zeit unter anderem in Kaschmir wiederholt hunderte unschuldiger Zivilisten verhaftet und ihnen pauschal »terroristische Umtriebe« zur Last gelegt. Inzwischen nimmt die Polizei auch Menschenrechtsgruppen ins Visier. So saß der Arzt und Aktivist Binayak Sen zwei Jahre lang in Untersuchungshaft – auf Grund von Anschuldigungen, die als frei erfunden gelten.

Die meisten indischen Parteien vertreten keine bestimmte Klientel, haben keine

Beunruhigend ist auch das militärische Vorgehen gegen die maoistischen Naxaliten im zentralindischen Chhattisgarh, in Jharkhand und Orissa im Osten, in Maharashtra im Westen und in Andhra Pradesh im Süden des Landes. Die Einsätze finden teils in rohstoff- und waldreichen Gegenden statt, wo große Abbau- und Industrialisierungsvorhaben geplant sind, und berauben die Armen ihrer Lebensgrundlage.

Derzeit versucht die Armee mit der Operation »Green Hunt«, für die 40000 Soldaten rekrutiert wurden, aus weiten Landstrichen alle Naxaliten zu vertreiben. Zwangsläufig vergehen sich die Sicherheitskräfte auch an unschuldigen Zivilisten, denen Sympathien zu den Naxaliten unterstellt werden. In Chhattisgarh rüstet die dortige Regierung seit 2005 eine paramilitärische Miliz gegen die Maoisten auf – ihr Name »Salwa Judum« heißt auf Gondi, einer in Mittelindien verbreiteten Sprache, sowohl »Friedensmission« als auch »reinigende Jagd«.

Frauen werden in Indien systematisch diskriminiert – von der Ernährung über die Gesundheitsversorgung und Bildung bis hin zum Arbeitsmarkt. Geschätzte 40 bis 50 Millionen Frauen sind im 20. Jahrhundert durch den Rückgang weiblicher Geburten »verschwunden«. Die frühzeitige Geschlechtsbestimmung und Abtreibung weiblicher Föten ist gerade in wohlhabenderen Staaten wie Pandschab und Haryana weit verbreitet. Besonders die ehrgeizigen Mittelschichten halten an der Tradition der Mitgift beziehungsweise des Brautpreises fest, die in einem direkten Zusammenhang mit der Abtreibung weiblicher Föten steht. Zwar verbietet das Gesetz Abtreibungen und die frühzeitige Geschlechtsbestimmung – das ändert aber nichts an der Praxis. Ohne die zahlreiche und aktive Mitwirkung der Ärzteschaft wären die Millionen Abtreibungen weiblicher Föten nicht zu erklären. Dennoch mussten sich bisher weniger als zwanzig Ärzte deswegen vor Gericht verantworten.

2 Nach Advanis Kampagne kam es zu gewaltsamen Auseinandersetzungen zwischen Hindus und Muslimen im ganzen Land mit tausenden Toten.

Frauen sind in Indien seit Jahrhunderten häuslicher Gewalt ausgesetzt. Erst seit 2005 gibt es ein Gesetz, das sie davor schützen soll. In den Parlamenten und auf dem regulären Arbeitsmarkt sind sie deutlich unterrepräsentiert. Eine Gesetzesvorlage, die schon vor zwölf Jahren eingebracht wurde und nach der ein Drittel der Parlamentssitze Frauen vorbehalten sein sollen, konnte bis heute nicht verabschiedet werden. Sie scheiterte am Widerstand ultrakonservativer Hindus und der Vertreter niederer Kasten, die um ihren Einfluss fürchteten.[3]

Seit 1991 folgt Indien mehr oder weniger blind den Rezepten neoliberaler Ratgeber und macht keinerlei Anstalten, ein soziales Sicherungsnetz zu schaffen. Die Politiker starren gebannt auf das Wirtschaftswachstum und fördern ohne Rücksicht auf die Umwelt das Konsumverhalten der Eliten. Der Ausstoß von Treibhausgasen steigt in Indien derzeit doppelt so schnell wie im weltweiten Durchschnitt.

Doch das gestiegene Bruttoinlandsprodukt konnte die Not im Land nicht mindern. 77 Prozent der Inder verdienen weniger als einen Dollar am Tag. Mancherorts wird das Elend noch dadurch verschlimmert, dass große Industrialisierungsprojekte den Anwohnern ihre letzten Lebensgrundlagen nehmen. Und die Einkommensschere zwischen den Superreichen und den Ärmsten der Armen geht immer weiter auf.

Dennoch suchen Indiens Regierende allenfalls halbherzig nach Mitteln und Wegen zur Armutsbekämpfung. Das einzige größere Beschäftigungsprogramm, das Mahatma Gandhi National Rural Employment Guarantee Scheme, verspricht armen Familien auf dem Land wenigstens 100 Tage bezahlter Arbeit im Jahr *(siehe den Beitrag von Rainer Hörig in diesem Heft)*.

In Indien hat der Kampf zwischen den Privilegierten, die das herrschende System dominieren, und der Masse der Armen, die auf Würde und Anerkennung ihrer Rechte pochen, eine lange Tradition. Auch wenn die arme Bevölkerungsmehrheit nicht viel auf ihren Staat gibt, so weiß sie doch das demokratische System zu schätzen, über das sie wenigstens an den Urnen Zustimmung oder Missfallen zum Ausdruck bringen kann. Doch ihre Rechte und Hoffnungen finden in der unübersichtlichen Parteienlandschaft, die sich im Laufe der Jahrzehnte herausgebildet hat, nicht genug Fürsprecher. Abgesehen von den Kommunisten spielt bei den Parteien in Indien die Klassenzugehörigkeit keine wichtige Rolle.

Die indische Politik ist traditionell links orientiert. Aber was davon angesichts der gegenwärtigen Kräfteverteilung unter den Parteien übrig geblieben ist, lässt sich kaum sagen, auch weil die Medien vor allem ihre eigene Wahrnehmung der Gesellschaft propagieren. Presse und Fernsehen werden von einer elitären neoliberalen Mittelschicht gelenkt und sind direkt von den Werbebudgets großer Firmen abhängig. Viele Medienkonzerne sind wichtige Mitspieler an der Börse und befeuern die Kurse mit frisierten Nachrichten vom Wachstum und den Segnungen der Globalisierung. Ein solcher Journalismus verzerrt die Realität und erzeugt Illusionen, die Politik und Öffentlichkeit beeinflussen. Abweichende Meinungen werden für kriminell erklärt und Rechte für die Armen ins Lächerliche gezogen.

Die indische Politik ist im Lauf der Jahre immer multipolarer geworden. Regionale Parteien schossen wie Pilze aus dem Boden, weil das Wahlvolk sich allein durch die großen Parteien (Kongress, BJP, Kommunisten u. a.) nicht mehr angemessen repräsentiert sah.

Ein interessantes Phänomen ist der Aufstieg von Kastenparteien wie der Dalit-Partei Bahujan Samaj Party (BSP). Sie ist in Indiens größtem Bundesstaat Uttar Pradesh (mehr als 170 Millionen Einwohner) mit den oberen Kasten eine bizarre und äußerst instabile Regierungskoalition eingegangen. Auch die »Anderen Rückständigen Klassen« sind in Regionalparlamenten des Nordens und Südens stark vertreten. Obwohl mit Bündnissen zwischen Dalit- und OBC-Parteien wahrscheinlich Wahlen zu gewinnen wären, kommt es aber nicht dazu, weil in den Dörfern die unterschiedlichen Interessen oft hart aufeinanderprallen.

klaren Programme und sind nicht auf bestimmte inhaltliche Anliegen festgelegt

Die meisten indischen Parteien vertreten keine bestimmte Klientel, haben keine klaren Programme und sind nicht auf bestimmte inhaltliche Anliegen festgelegt. Was zählt, ist vor allem die Persönlichkeit des Parteivorsitzenden und dessen Ansehen. Der dynastische Faktor prägt die Politik auf allen Ebenen – am deutlichsten sieht man das an der Kongresspartei mit ihrer Nehru-Gandhi-Tradition. Auch die BJP hat einen wahren Kult rund um ihr Mitglied Varun Gandhi, den Vetter von Indira Gandhis Sohn Rahul, geschaffen.

Wo sich Parteien weder durch eine Wählerbasis noch durch klar umrissene politische Ziele voneinander unterscheiden, können alle möglichen Leute – sofern sie das nötige Kleingeld besitzen – eine Partei gründen, sei es aus Imagegründen oder weil es ihnen tatsächlich um ein ganz bestimmtes lokales Anliegen geht. Deshalb spielen Filmstars so eine große Rolle in der indischen Politik. Besonders im südlichen Bundesstaat Tamil Nadu treten Politstars zugleich als Helden und Erlöser, Freunde oder Verbündete der Armen auf.

Noch können Politik und Gesellschaft in Indien einen Weg einschlagen, der mehr Gleichheit, Gerechtigkeit und Menschlichkeit bringen würde. Doch dafür müssten die wesentlichen Ziele der Republik mit moralischer Integrität und politischer Klarheit vorangetrieben und die Masse der Armen stärker einbezogen werden. •

Aus dem Englischen von Herwig Engelmann

3 Am 9. März 2010 verabschiedete das Oberhaus eine Frauenquote mit der nötigen Zweitdrittelmehrheit. Jetzt müssen das Gesetz noch das Unterhaus und zahlreiche Parlamente der Bundesstaaten beschließen.

Erstmals erschienen in *Le Monde diplomatique* vom März 2010.

Die Quotenpolitik leugnet die Vielfalt der realen Ausgrenzungsmechanismen in der Gesellschaft

Jeder Kaste ihre Schublade

Von Purushottam Agrawal Professor an der School of Language, Literature and Culture Studies, Jawaharlal Nehru University, Delhi.

In der ersten Aprilwoche 2006 gab Indiens damaliger Bildungsminister Arjun Singh bekannt, dass er den Anteil an »Other Backward Classes« (»andere rückständige Klassen« oder OBCs) für mehrere zentralstaatlich finanzierte Hochschulen und Akademien ausweiten wolle. Daraufhin kam es zu lautstarken Protesten von Studierenden, Dozenten und anderen Angehörigen der Mittelschicht gegen eine angeblich »willkürliche und wirtschaftsfeindliche Politik«, die unqualifizierte Studenten an die Hochschulen schwemme. Diese Proteste verliefen bald im Sande, denn die Antidiskriminierungspolitik ist mittlerweile Konsens unter allen Parteien.

1990 war das noch anders gewesen. Damals hatte Premierminister V.P. Singh angekündigt, seine Regierung werde die zehn Jahre alten Empfehlungen der Mandal-Kommission[1] umsetzen und die Quotenregelung für OBCs (als »backward« gelten 30 bis 50 Prozent der Bevölkerung) auf staatliche Jobs ausdehnen. Die Folge waren landesweite, gewaltsame Massenproteste. Die Mandal-Kommission hatte 1980 empfohlen, die Hälfte aller staatlichen Arbeits- und Studienplätze für OBCs zu reservieren. Die Argumente waren 1990 dieselben wie 2006. Doch seitdem hat sich einiges in der indischen Gesellschaft verändert. Vor allem haben die OBCs im Verlauf der letzten fünfzehn Jahre an politischer Macht hinzugewonnen.

Wie in jeder Gesellschaft mit traditionell großer Ungleichheit ist auch in Indien »positive Diskriminierung« ein Mittel, um Bürger mit unterschiedlichem sozialen Hintergrund aktiv an den gesellschaftlichen Prozessen partizipieren zu lassen. Das Problem in Indien ist jedoch die ausschließliche Fixierung auf das Konzept der Kaste.

Das indische System der »positiven Diskriminierung« wird »Reservierung« genannt. Maßnahmen zur Förderung der am stärksten benachteiligten Bevölkerungsgruppen waren bereits in der Verfassung des unabhängigen Indien vorgesehen. Anders als beispielsweise in den USA arbeitet das indische System mit feststehenden Quoten für »rückständige« oder unterrepräsentierte Kasten. Diese »Reservierung« gilt für Anstellungen in der staatlichen Verwaltung und in Bildungsinstitutionen. Dabei können die Quoten nicht etwa von den einzelnen Institutionen bestimmt werden, sondern werden im Voraus von der Zentralregierung oder der Regierung des jeweiligen Bundesstaats verbindlich festgelegt. Inzwischen gibt es sogar Bestrebungen, dieselben Bestimmungen auch auf die Privatwirtschaft anzuwenden. Derzeit sind 15 Prozent aller Stellen für »Scheduled Castes« (SCs), »gelistete Kasten«, also Dalits oder »Unberührbare« reserviert, und 7,5 Prozent für »Scheduled Tribes« (STs) oder »gelistete Stämme«, auch Adivasi – wörtlich »Ureinwohner« – genannt. Die Prozentzahlen entsprechen den Bevölkerungsanteilen der Kasten und Stammesangehörigen, die in offiziellen Listen (»schedules«) registriert sind.

Die gelisteten Kasten wurden lange Zeit unterdrückt und ausgeschlossen und als »unberührbar« stigmatisiert. Die »Scheduled Tribes« wurden sozial und räumlich ausgegrenzt. Gegen Quoten für SCs und STs gab es nur wenig Widerstand. Die Quotierung war die logische Folge der sozialen und politischen Bewegungen, die sich für die Verbesserung des Schicksals der »niederen Klassen« einsetzten (wie sie offiziell von der Kolonialverwaltung genannt wurden).

Der Fall der größeren Gruppe der »anderen rückständigen Klassen« liegt jedoch anders. Diese Kastengruppen waren in unterschiedlichem Ausmaß von der gesellschaftlichen Macht ausgeschlossen, aber ihre Diskriminierung war weniger drastisch als im Fall der SCs und STs. Sie waren nicht als unberührbar stigmatisiert. Und manche dieser Gruppen erlangten ökonomisch wie sozial einen beträchtlichen Einfluss. Wo es zu Ausgrenzungen kam, bildeten sich unter den Ausgegrenzten starke innere Hierarchien aus. In einigen großen indischen Bundesstaaten beherrschen Mitglieder von OBCs inzwischen die politische Szene. Deren größeres politisches und wahlarithmetisches Gewicht erklärt einerseits, weshalb Teile der Bevölkerung sich einer Ausweitung der Quotierung auf OBCs widersetzen, andererseits jedoch auch, weshalb keine der politischen Parteien es wagt, sich dagegen auszusprechen.

So gehörte schon Vallabhbhai Patel, eine der mächtigsten Persönlichkeiten im Unabhängigkeitskampf und der erste Vizepremier Indiens, einer OBC an. Dagegen haben Mitglieder von SCs und STs erst in den letzten Jahren in kleinen Bereichen der politischen und der gesellschaftlichen Elite Einfluss nehmen können, aber dies sind Einzelfälle. Zwar gehören der gegenwärtige Chief Justice of India, der höchste Richter des Landes, und der Vorsitzende der Universitätsstipendienkommission gelisteten Kasten an, doch die Lebensbedingungen von Millionen von SCs und STs lassen noch immer sehr zu wünschen übrig.

Die Quoten für SCs und STs wurden gleichzeitig mit der Bodenreform, der Ausweitung der Grundschulbil-

1 Die von dem Politiker B. P. Mandal (1918–1982) aus Bihar geleitete fünfköpfige Kommission erarbeitete 1979/1980 Vorschläge gegen die Diskriminierung der Angehörigen unterer Kasten.

Die Angehörige eines Patienten wartet am 13. Mai 2006 vor einem Krankenhaus in Delhi, dessen Ärzte und Medizinstudenten gegen den Vorschlag der Regierung streiken, die Universtitätsquoten für so genannte »rückständige« Kasten zu erhöhen.

BILD: REUTERS | KAMAL KISHORE

dung und der Förderung von Arbeitsplätzen auf dem Land beschlossen. Die »Kaste« spiegelt dabei in ganz Indien traditionelle soziale Schichtungen und Hierarchien wider. Niemand kann die Kaste seiner Geburt verlassen. Andererseits setzt ökonomischer Erfolg nicht die Zugehörigkeit zu einer höheren Kaste voraus. Deshalb stimmen die rituelle Hierarchie und die tatsächliche Kontrolle über gesellschaftliche und politische Macht nicht immer überein. Eigentlich müssten die Brahmanen die Spitzen der Gesellschaft bilden, aber in der Praxis hat oft der die Macht, der über Grundbesitz und die Macht einer Organisation verfügt. Dies war zu allen Zeiten so, einschließlich der »klassischen« Periode.[2]

Um ein neuzeitliches Beispiel zu geben: Die Herrscher des Fürstentums Kapurthala gehörten zur Kaste der »Kalal« (Schnapsverkäufer), einer zu den »Shudra« zählenden Kaste, die im heutigen politischen Sprachgebrauch zu den »rückständigen Kasten« gerechnet würde. Die rangmäßig »überlegenen« Brahmanen zögerten nicht, der königlichen Familie die nötige Legitimität zuzusprechen. Solche Beispiele sind in der indischen Geschichte Legion.

> Der Begriff »Kaste« wurde zu einem Werkzeug für alle, die im kolonialen System einen Anspruch auf »Repräsentation« erhoben

Das Konzept der Kaste hat sich innerhalb der hinduistischen Tradition herausgebildet. Zwischen den Kasten im vorkolonialen und denen des heutigen Indien bestehen jedoch beträchtliche Differenzen, die der amerikanische Anthropologe und Historiker Nicholas B. Dirks wie folgt beschreibt: »Erst unter der britischen Herrschaft wurde ›Kaste‹ zu jenem Einheitsbegriff, mit dem die vielfältigen Formen sozialer Identität, Sozialität und Organisation in Indien ausgedrückt, geordnet und vor allem ›systematisiert‹ werden konnten. Ermöglicht wurde dies durch die Etablierung eines zwar umstrittenen, aber feststehenden ideologischen Kanons, der während der zweihundertjährigen britischen Vorherrschaft aus der konkreten Begegnung mit der kolonialen Moderne hervorgegangen war.«[3]

Indem die Kolonialmacht aus dem Begriff der »Kaste« einen »Einheitsbegriff« zur »Systematisierung« sozialer Identitäten machte, wurde er zu einem überaus wirksamen Werkzeug für alle, die im kolonialen System einen Anspruch auf »Repräsentation« erhoben. Dieser Logik folgend wurden 1919 im Fürstentum Mysore (dem heutigen Karnataka) und 1921 in der Provinz Madras (den heutigen Bundesstaaten Tamil Nadu und Andhra Pradesh) die ersten Quoten eingeführt. Mit Ausnahme der Brahmanen galten die meisten Kasten damals als »rückständig«.

Die Idee einer Quotierung zugunsten »rückständiger Kasten« ist seither in den südindischen Staaten ein untrennbarer Bestandteil des politischen Lebens. In Nordindien hat sie aber erst seit den 1960er-Jahren auf breiter Front Fuß gefasst. Dennoch blieben solche Regelungen zunächst Sache der Bundesstaaten, bis 1990 die Zentralregierung die Empfehlungen der Mandal-Kommission umzusetzen begann und auch auf der Bundesebene eine Quote von 27 Prozent für »andere rückständige Klassen« (OBCs) einführte.

In der Politik der OBC-Quotierung zeigen sich viele ungelöste Fragen und Widersprüche der indischen Politik. Die Verfassung weist die Regierung an, nicht nur zugunsten der SCs und STs, sondern auch zum Wohl anderer »sozial und bildungsmäßig rückständiger Klassen« tätig zu werden. In der Praxis ist der Ausdruck »Klasse« jedoch zu einem Euphemismus für »Kaste« geworden, mit dem Ergebnis, dass sich das Kastendenken eher verfestigt als aufgelöst hat. Vor allem hat die Betonung der Kaste dazu geführt, dass die Beseitigung der zahlreichen anderen Ausgrenzungsmechanismen auf die lange Bank geschoben wurde. Ein Gesetz zur Quotierung von Frauen in den gesetzgebenden Organen liegt wegen des erbitterten Widerstands der OBC- und SC-Lobbys, die sich gegen jede »Verwässerung« einer streng an Kasten orientierten Quotenregelung zur Wehr setzen, seit über einem Jahrzehnt auf Eis.

Die Tatsache, dass das Patriarchat ein mindestens ebenso mächtiger Ausschlussmechanismus ist wie die Kaste, wird schlicht ignoriert.[4] Denn in Wahrheit ist das Kastenwesen sowohl insgesamt wie auf der Ebene der einzelnen Kasten ein höchst patriarchalisches System. Die Mandal-Kommission ging bei ihrer Empfehlung einer 27-Prozent-Quote davon aus, dass die OBCs 54 Prozent der Gesamtbevölkerung ausmachen. Aber die letzte Erhebung von Kastenzugehörigkeiten erfolgte 1931.

Seitdem sind nur noch die Angehörigen der SCs und der STs gezählt worden. Es gibt also keinerlei verlässliche Daten über die Anzahl von OBCs in der indischen Bevölkerung. Es gibt im Übrigen auch kein transparentes System der Zuordnung einzelner Kasten zu den OBCs. Die erste »Backward Classes Commission« klassifizierte 1955 insgesamt 2399 Kasten als »rückständig«; doch die Mandal-Kommission erhöhte diese Zahl auf 3743 und implizierte damit unfreiwillig, dass in den knapp zwei Jahrzehnten zuvor immer mehr Kasten »rückständig« geworden waren![5]

Der grundlegende Widerspruch der indischen Quotenpolitik liegt darin, dass sie theoretisch mit demokratischen Vorstellungen von der Emanzipation marginalisierter Gruppen und ihrer Partizipation an den Machtstrukturen begründet wird, dabei aber die Vielfalt der realen Ausgrenzungsmechanismen in der Gesellschaft leugnet. Wenn sie die Kaste als »Einheitsbegriff« benutzt, unter den sie alle diese Mechanismen subsumiert, leistet sie der Reduzierung der einzelnen Bürgerinnen und Bürger mit ihren vielfältigen Identitäten auf bloße Symbole einer urtümlichen Kastenidentität Vorschub. Statt den marginalisierten Bürgern der indischen Repu-

2 Nach der politischen Ideologie der alten Gupta-Dynastie war die königliche Macht durch »die Tapferkeit des Königs auf dem Schlachtfeld« legitimiert und nicht durch seine privilegierte Rolle in den brahmanischen Opferritualen. Siehe: David Lorenzen, *Who Invented Hinduism?* Neu-Delhi 2006, S. 173.
3 Nicholas B. Dirks, *Castes of Mind*, Princeton 2005, S. 5.
4 Am 9. März 2010 verabschiedete das Oberhaus eine 33-prozentige Frauenquote, der jetzt noch das Unterhaus und zahlreiche Parlamente der Bundesstaaten zustimmen müssen.
5 Shri Prakash, »Reservation Policy for Other Backward Classes«, in: *The Politics of Backwardness* hg. von V. A. Pai Pananadikar, Neu-Delhi 1997, S. 48.

blik den Rücken zu stärken, hat sich die »positive Diskriminierung« zu einem Mechanismus der Repräsentation von Kastenidentitäten entwickelt. Eine solche in starren Identitäten verankerte »Repräsentation« steht in krassem Widerspruch zur Dynamik demokratischer Repräsentation, die eine freie Beratung über die »Wahl« der Repräsentanten voraussetzt.

Diese Probleme wurden während der Kontroversen im Sommer 2006 besonders deutlich, die sich um ein umfassenderes System zur Einbeziehung benachteiligter Gruppen drehten. Diese Forderung wurde theoretisch mit der Idee einer säkularen Staatsbürgerschaft und der Notwendigkeit begründet, so unterschiedliche Diskriminierungsfaktoren wie Kaste, Geschlecht, regionale Entwicklungsunterschiede oder mangelhafte Ausbildungsmöglichkeiten zu berücksichtigen.

Der Autor dieses Artikels schlug mit der auf mehreren Faktoren beruhenden positiven Diskriminierung (MIRAA für Multiple Index Related Affirmative Action)[6] ein System vor, das verschiedenen Ausgrenzungsfaktoren einen bestimmten Zahlenwert zuordnet und Bewerbern hilft, ihre Ausgrenzung und Diskriminierung zu überwinden, indem es ihnen Benachteiligungspunkte gutschreibt. Von 100 Punkten, die man in einem Zulassungs- oder Bewerbungsverfahren erhalten kann, vergibt MIRAA 70 Punkte auf der Grundlage von Eignungstests und Vorstellungsgesprächen, während 30 weitere Punkte die Handicaps ausgleichen sollen, die von einem zugeschriebenen Merkmal herrühren, als da sind: Kastenhintergrund (maximal 5 Punkte), Geschlecht[7], wirtschaftlicher Status (max. 6), Region (max. 5), Schulbildung (max. 5) und Herkunft aus einer Familie ohne Bildungshintergrund (max. 4). Rechnen wir ein Beispiel durch: Mein Sohn würde nach diesem Verfahren null Punkte erhalten, meine Tochter, da sie eine Frau ist, fünf. Ein Mädchen aus einer Stammesgesellschaft in einer armen ländlichen Gegend bekäme demnach alle 30 Punkte und damit eine reelle Chance, die vielfachen ausgrenzenden Handicaps zu überwinden.

Die National Knowledge Commission ist ein vom Premierminister eingesetztes Beratungsgremium, das Vorschläge erarbeiten sollte, wie aus Indien eine Supermacht des Wissens zu machen sei. Dieses Gremium hat sich in seinem Bericht über den Zustand der höheren Bildung ebenfalls mit dem MIRAA-System befasst. Doch da die Regierung die Quoten für OBCs bereits festgelegt hatte und inzwischen an deren Umsetzung arbeitet, sind alle Reformvorschläge im Augenblick kaum mehr als akademische Gedankenspiele. Von einer demokratischen Politik und seiner logischen Ergänzung, einem Partizipationskonzept, das eine Vielfalt von Ausgrenzungsfaktoren berücksichtigt, sind wir noch weit entfernt.

Aus dem Englischen von Robin Cackett

6 Purushottam Agrawal, »Beyond Caste«, in: *Tehelka Weekly*, Neu-Delhi, 13. Mai 2006.
7 Einen ähnlichen Index schlagen Satish Deshpande und Yogendra Yadav vor: »Redesigning Affirmative Action«, *Economic and Political Weekly*, 17. Juni 2006.

Erstmals erschienen in *Le Monde diplomatique* vom Mai 2007.

Das Kastenwesen

»Kaste kein Hindernis« heißt es in manchen indischen Heiratsannoncen, mit denen Eltern der Mittelschicht Ehepartner für ihre Kinder suchen. Dass von Kaste überhaupt die Rede ist, zeigt trotz gegenteiliger Bekenntnisse deren anhaltende Bedeutung. Dabei ist Kaste so wenig ein indischer Begriff wie das Kastenwesen an sich hinduistisch ist. Das Wort ist portugiesischen Ursprungs (»casta«) und stammt vom lateinischen »castus« – rein – ab. Eine allgemeingültige Definition gibt es nicht und auch keine Institution oder Schrift, die als Ursprung des Kastensystems auszumachen wäre. Vermutlich entstand es durch das Zusammenwachsen verschiedener Völker auf dem Subkontinent und den dabei aufgekommenen Wunsch, sich anderen gegenüber abzugrenzen.

Das Kastensystem bezeichnet eine in Südasien verbreitete gesellschaftliche Organisationsform, die Gruppen sozial hierarchisiert, gegeneinander abgrenzt und sich dabei, vergleichbar einer feudalen oder ständischen Struktur, vor allem an Abstammung und erblicher Berufsspezialisierung orientiert. Sie weist jedem Mitglied der Gesellschaft einen festen Platz und den einzelnen Kasten ihre spezifischen Normen zu. Die mit der Geburt erworbene Kastenzugehörigkeit kann weder im späteren Leben noch durch Wiedergeburt verändert werden, obwohl die kastenbedingten beruflichen Spezialisierungen längst nicht mehr so wichtig sind wie früher. Doch können ganze (Unter-)Kasten auf- oder absteigen.

Die vier Hauptkasten (*Varna* – Farbe, womit die Hautfarbe gemeint gewesen sein könnte) teilen sich auf in jeweils hunderte Unterkasten (*Jati*, was auch Clan heißen kann). Die Hauptkasten sind die der Brahmanen (Priester und intellektuelle Elite), Kshatriyas (Krieger und hohe Beamte), Vaishyas (Händler und Grundbesitzer) und Shudras (Handwerker, Pächter). Darunter – und ausdrücklich außerhalb der Hierarchie – stehen die Unberührbaren oder Kastenlosen (Dalits), die von Kastenhindus als unrein angesehen werden. Einem Mythos zufolge entstanden die vier Hauptkasten aus den Körperteilen des göttlichen Urriesen Purusha: die erste aus dem Kopf, die zweite aus den Armen, die dritte aus den Schenkeln und die vierte aus den Füßen.

Wer den höheren Kasten angehört, ist nicht zwangsläufig reich, aber unter den Armen sind überproportional viele Shudras und Dalits zu finden. Manche Dalits versuchen ihrem angeborenen Status durch Religionswechsel zu entkommen. Doch kennen in Indien selbst christliche und muslimische Gemeinschaften Kastenzuordnungen.

Das Kastenwesen gewann während der britischen Kolonialherrschaft an Bedeutung. Mit der »positiven Diskriminierung« der letzten Jahrzehnte nahm das Kastenbewusstsein eher noch zu. Es gibt ein Gesetz, das die Benachteiligung aufgrund der Kastenzugehörigkeit verbietet, und anders als im ländlichen Alltag spielt diese für das Leben in den Städten auch kaum eine Rolle. Doch sind Heiratsannoncen wie diese nach wie vor nicht ungewöhnlich: »Südindischer brahmanischer Vater sucht passende Ehepartnerin für seinen im IT-Sektor tätigen Sohn.« Frauen niederer Kasten sind in dieser Familie chancenlos.
Sven Hansen

100 Tage Arbeit

Im Kampf gegen Hunger und Armut beschließt die Regierung ein Gesetz, das jedem ländlichen Haushalt hundert Tage bezahlte Arbeit im Jahr garantiert

Von Rainer Hörig *Freier Korrespondent deutschsprachiger Medien in Pune.*

Rajkumar Mudhi ist einer der wohlhabenderen Bauern in Mudhidhi, einem kleinen Dorf im ostindischen Jharkhand. Er wohnt in einem gepflegten Haus, im Hof steht ein Fahrrad, aber das Geld reicht hinten und vorne nicht. »Von dem, was unser Land abwirft, kann meine Familie nicht leben«, klagt Mudhi. »Deshalb müssen wir auswärts arbeiten. Im Januar, wenn wir die Ernte eingebracht haben, fahren wir immer die hundert Kilometer nach Bishnupur, wo es Arbeit in einer Ziegelei gibt. Dort wohnen wir alle für sechs Monate in einer Blechhütte in der Ziegelei. Ich forme Ziegel, die meine Frau Dulali auf dem Kopf zum Brennofen trägt. Die Kinder, na ja, die spielen irgendwo in der Nähe.« Wenn die nächste Regenzeit anfängt, kehren die Mudhis heim, um ihre Felder zu bestellen. Das in der Ziegelei verdiente Geld, ein paar tausend Rupien, brauchen sie für den Kauf von Saatgut und Düngemittel.

In den meisten Regionen Indiens regnet es nur während der drei bis vier Monsunmonate. Sind die Felder einmal abgeerntet, bleibt den Bauern nichts anderes übrig, als auf die nächste Regenzeit zu warten, es sei denn, sie verfügen über eine Bewässerungsanlage. Die Ernteerträge sind in der Regel schnell verbraucht oder verkauft, sodass in den Trockenmonaten März bis Juni Millionen Männer und Frauen auf Arbeitssuche in die Städte ziehen.

Seit 2006 betreibt die Regierung großen Aufwand, um Arbeitsmöglichkeiten in den Dörfern zu schaffen. Das nach dem »Vater der Nation« benannte Beschäftigungsprogramm »Mahatma Gandhi National Rural Employment Guarantee Scheme«, kurz MGNREGS, das in den 300 ärmsten Distrikten des Landes gestartet und inzwischen auf ganz Indien ausgedehnt wurde, garantiert jedem ländlichen Haushalt 100 Tage Beschäftigung im Jahr zu einem festgesetzten Mindestlohn. Damit erhalten Kleinbauern und Landarbeiter, Handwerker und Tagelöhner zum ersten Mal ein Recht auf Arbeit, wenn auch nur für drei Monate und am unteren Ende der Lohnskala. Gleichzeitig tragen sie zum Aufbau der ländlichen Infrastruktur bei. Neue Straßen entstehen, Kanäle, Stauseen und Bewässerungsanlagen werden gebaut. In Umfang und Reichweite ist dieses Programm einzigartig in der Welt.

Im Haushaltsjahr 2009/2010 waren 391 Milliarden Rupien, umgerechnet 6,2 Milliarden Euro, für das MGNREGS-Programm veranschlagt. Bislang haben 150 Millionen Menschen einen Berechtigungsausweis, in den die geleisteten Arbeitsstunden eingetragen werden. Allerdings haben nur 45 Millionen tatsächlich eine Arbeit bekommen. Die 100-Tage-Garantie wurde in nur 6,5 Millionen Fällen tatsächlich umgesetzt. Diese Zahlen mögen auf den ersten Blick nicht sehr beeindruckend wirken, doch sie werden von Jahr zu Jahr besser.

Kritiker aus dem rechten politischen Lager und aus Wirtschaftskreisen halten das Arbeitsbeschaffungsprogramm für Geldverschwendung. Jean Dreze ist Wirtschaftswissenschaftler an der Delhi School of Economics, Mitarbeiter des Wirtschaftsnobelpreisträgers Amartya Sen und einer der geistigen Väter des Programms. Er verweist in einem Artikel für das Nachrichtenmagazin *Frontline* auf das bisher Erreichte: »Langsam, aber sicher verändert das Gesetz das Leben der Armen auf dem Lande. Die Löhne steigen, die Arbeitsmigration geht zurück, es entstehen produktive Anlagen und Einrichtungen, die Machtverhältnisse verschieben sich.«

Dabei verhehlt Dreze nicht, dass das Milliardenprogramm auch zu Korruption einlädt und es an der effizienten Umsetzung hapert. Dafür macht er vor allem die Landesregierungen verantwortlich, die den von Delhi finanzierten und konzipierten Plan umsetzen müssen. Ein Arbeiter beim MGNRGES habe es schließlich nicht leicht: Oft gibt es zu wenig zu tun, der Arbeitsplatz ist nicht richtig ausgestattet, Löhne werden verspätet ausbezahlt oder die gesetzlichen Mindestlöhne nicht eingehalten. Dreze kritisiert die ausführende Bürokratie scharf und verweist auf drei Hauptprobleme: Erstens wüssten die Leute nicht, wie sie die Arbeiten ausführen sollen, weil die Richtlinien schwammig formuliert seien. Zweitens gebe es kein einheitliches Beschwerdesystem, durch das die MGNREGS-Arbeiter an der Bekämpfung von Missbrauch und Korruption in den Projekten mitwirken könnten. Und drittens fehle eine Evaluierung durch unabhängige Institutionen.

Das Arbeitsbeschaffungsprogramm geht auf ein Wahlversprechen der Kongresspartei aus dem Jahr 2004 zurück, der es damals mit populistischen und sozialistischen Parolen überraschend gelang, die konservative Hindupartei BJP zu entmachten. Die Kongresspartei hatte eine alte Forderung von Gewerkschaften und Nichtregierungsorganisationen (NGOs) in ihr Wahlprogramm aufgenommen. Der erste, noch im Dezember 2004 vorgelegte Gesetzentwurf rief dann aber heftige Proteste von NGOs hervor, die im Juni 2005 eine Tour durch zehn Bundesstaaten organisierten, um für ein wirkungsvolleres Gesetz zu werben. Der Erfolg war bescheiden. So fand die Forderung, dass nicht nur ein Mitglied pro Haushalt, sondern alle Arbeitswilligen Anspruch auf 100 Tage Arbeit zum Mindestlohn haben sollten, in dem vom Nationalparlament im September 2005 verabschiedeten Gesetz keinen Niederschlag. Auch ließ es die Machtstrukturen in Dörfern und Behörden, die den Armen häufig den Zugang zu Sozialhilfe verwehren, unangetastet.

Nachdem das MGNREGS-Programm für 45 Millionen Menschen Arbeitsmöglichkeiten geschaffen hat, kann es unterm Strich durchaus als Erfolg verbucht werden. Es mindert die Migration, setzt Mindestlöhne durch und gibt vielen Frauen zum ersten Mal die Möglichkeit, eigenes Geld zu verdienen. Und es kommt tatsächlich auch

Eine Adivasi-Arbeiterin tansportiert Sand beim Bau einer Schule am Rand des Dorfes Jeypore im östlichen Bundesstaat Orissa, 20. Juni 2007.
BILD [M]: REUTERS | DESMOND BOYLAN

bei den Bedürftigen an. Nach Angaben des federführenden Ministeriums für ländliche Entwicklung machten Frauen 42 Prozent der Begünstigten aus (Haushaltsjahr 2007/08). Adivasi und Dalits stellten demnach zusammen 57 Prozent aller MGNREGS-Arbeiter. Nach Ansicht politischer Beobachter trug die Popularität der MGNREGS-Arbeitsplatzgarantie maßgeblich zur Wiederwahl der Regierungskoalition um die Kongresspartei im Mai 2009 bei. So erfolgreich sind längst nicht alle indischen Sozialprogramme.

Der einfachste und direkteste Weg, um Hunger und Mangelernährung zu bekämpfen, ist die Subventionierung von Lebensmitteln. Bereits seit den 1950er-Jahren erhalten Bedürftige in Indien Grundnahrungsmittel wie Reis, Weizen oder Zucker zu ermäßigten Preisen. Fast eine halbe Million »fair price shops« wurden dafür eingerichtet. Die Behörden stellen Bedürftigen eine Rationenkarte aus, die zum Bezug subventionierter Nahrung berechtigt. Die Karte ist mittlerweile zu einer Art Personalausweis geworden, die bei vielen Behördengängen vorgelegt werden muss.

Aber es ist ein offenes Geheimnis, dass ein nicht unwesentlicher Teil der für die Armen bestimmten Lebensmittel auf den freien Markt umgeleitet und zu höheren Preisen verkauft wird. Außerdem besitzen längst nicht alle Bedürftigen die Rationenkarte, während sich viele Mittelschichtsfamilien dieses Privileg erschleichen können.

Im Oktober 2007 schlug der Zorn der Armen über das ineffiziente System in öffentliche Gewalt um. In Westbengalen und Bihar wurden hunderte »fair price shops« geplündert oder verwüstet, ihre Besitzer tätlich angegriffen. Berichte der für die Entwicklung des Landes zuständigen Nationalen Planungskommission bestätigen, dass bis zur Hälfte der subventionierten Nahrungsmittel auf dem Weg vom Lagerhaus zum »fair price shop« verschwinden. Eine 2009 in Delhi durchgeführte systematische Befragung von Slumbewohnern ergab, dass nicht einmal jede zweite Familie eine Rationenkarte besitzt.

Witwenpensionen, Ausbildungshilfen für Kinder, verbilligte Lebensmittel, Schwangerenberatung, subventioniertes Kochgas – die Liste der Sozialprogramme in Indien ist schier endlos. Wohlfahrtsprogramme spielen auch als Wahlversprechen eine wichtige Rolle. Sobald die Politiker jedoch an der Macht sind, verlieren sie schnell das Interesse an dem Thema. Trotz des soliden Wirtschaftswachstums, das Indien zu verzeichnen hat, und zahlreicher gut gemeinter Programme ist die Anzahl der Armen im Lande in den vergangenen zwanzig Jahren nur unwesentlich gesunken.

Die Gründe dafür sind vielschichtig: Viele Programme erreichen ihre Adressaten nicht, weil der Verwaltungsapparat ineffizient, korrupt und verkrustet ist. Hinzu kommt, dass ganze Bevölkerungsgruppen und Minderheiten aufgrund von Kaste, Religion und Geschlecht sowohl wirtschaftlich benachteiligt als auch sozial diskriminiert sind. Und dagegen lässt sich mit Gesetzen nicht viel ausrichten. Die traditionellen Eliten schaffen es in vielen Fällen, die Wohlfahrtsprogramme für sich selbst zu nutzen, wie etwa bei der Verteilung von verbilligten Lebensmitteln. Viele der Bedürftigen kennen ihre Rechte nicht und nehmen die Programme gar nicht in Anspruch. Wenn sie es trotzdem wagen, scheitern sie oft an arroganten und korrupten Beamten und umständlichen Verfahren. Ein weiteres Problem besteht darin, dass die Zahl der Armen in Indien – und damit der Menschen, die auf die Hilfe der Programme angewiesen sind – sehr umstritten ist.

In den frühen Jahren der indischen Republik wurde Armut anhand der täglich aufgenommenen Kalorienmenge gemessen. Später rechnete man die Kalorien in Geldbeträge um, wobei die üblichen Marktpreise zugrunde gelegt wurden. Heute werden auch Wohnverhältnisse, Schulbildung und Arbeitsverhältnisse einbezogen. Bei einer solchen Vielzahl von Maßstäben und Berechnungsmethoden lassen sich kaum Vergleiche ziehen, schon gar nicht über größere Zeiträume hinweg.

Wirtschaftsliberale und Globalisierungsbefürworter weisen gern darauf hin, dass Wachstum auch zur Verringerung der Armut führt. In Indien jedoch klaffen die Zahlen eklatant auseinander. Während das Wirtschaftswachstum in den vergangenen zehn Jahren im Schnitt zwischen 5 und 9 Prozent lag, hat sich die Zahl der Armen kaum verringert. Anfang 2010 legte die Nationale Planungskommission neue Zahlen vor, die nicht nur Aufwendungen für Nahrungsmittel, sondern auch für Schulbildung und Gesundheitsdienste berücksichtigen. Wer weniger als 15 Rupien am Tag hat (das entspricht kaufkraftbereinigt etwa 1,25 US-Dollar), lebt unter der Armutsgrenze. Für 15 Rupien bekommt man auf dem Markt nicht einmal ein Kilo Reis.

Heute leben in Indien offiziell insgesamt rund 446 Millionen Menschen in Armut: 41,8 Prozent der Landbewohner und 27,5 Prozent der Städter, im Landesdurchschnitt sind es 37,2 Prozent. Im Jahr 1993/94, in der Anfangszeit der ökonomischen Öffnung, betrug ihr Anteil (nach derselben Methode berechnet) 45,3 Prozent und damit gerade 8 Prozentpunkte mehr als heute – wahrlich kein gutes Zeugnis für die bisherige, auf »Stempelgeld« basierte Sozialpolitik.

Nach jahrelangen Kampagnen von NGOs sowie intensiven parlamentarischen Beratungen erlangte im Oktober 2005 das Recht auf Information landesweit Gesetzeskraft. Seither sind alle Bürgerinnen und Bürger berechtigt, staatliche Behörden über ihre Arbeit oder bestimmte Projekte zu befragen und Akteneinsicht zu verlangen. Das hilft der Bevölkerung, ihre Interessen wahrzunehmen, und setzt der Korruption ein wirksames Aufklärungsinstrument entgegen. Obwohl immer wieder Versuche unternommen werden, das Recht auf Information einzuschränken oder zu unterhöhlen, konnten starke zivilgesellschaftliche Kräfte, verbündet mit wichtigen Politikern, eine Verwässerung des Informationsrechtes bislang verhindern. Insbesondere bei der Kontrolle von MGNREGS-Projekten hat sich das Instrument bewährt.

Im Jahr 2002 beschloss das indische Parlament auf Vorschlag der konservativen BJP-Regierung einstimmig, das Recht auf Bildung in der Verfassung zu verankern. Spätere Congress-Regierungen unter Premier Manmohan Singh berieten und verwarfen seit 2005 etliche Entwürfe. Erst im August 2009 konnte ein Gesetz, das das Recht auf kostenlose Bildung garantiert, im Parlament verabschiedet werden. Alle Kinder zwischen 6 und 14 Jahren haben seitdem Anspruch auf einen Schulplatz, staatliche Grundschulen müssen bestimmte Mindeststandards erfüllen und private Schulen – die nicht an die Quotenregelungen für Dalits und Adivasi gebunden sind – ein Viertel ihrer Kapazitäten für Kinder aus armen Familien zur Verfügung stellen.

In den letzten Jahren sind die Lebensmittelpreise in Indien um bis zu 25 Prozent jährlich gestiegen. Besonders für die Armen wird es immer schwerer, erschwingliche Lebensmittel aufzutreiben. Studien bestätigen, dass die durchschnittliche Kalorienaufnahme, besonders auf dem Land, zurückgeht. Der Hunger wird also nicht weniger, er droht, im Gegenteil, weitere Kreise zu ziehen. Angesichts dieser Gefahr wird zunehmend über ein Recht auf Nahrung debattiert.

Obwohl viele Ministerien in der Armutsbekämpfung aktiv sind, hat sich die Lage auch sechzig Jahre nach Inkrafttreten der indischen Verfassung nicht spürbar gebessert. Zwar konnte der prozentuale Anteil der Armen an der Bevölkerung von rund 50 auf jetzt offiziell knapp 40 Prozent gedrückt werden. Da aber die Bevölkerung gleichzeitig wuchs, leben heute insgesamt mehr Arme in Indien als zur Zeit der Unabhängigkeit. Den Schaden, den Industrialisierung und Globalisierung in traditionellen Gemeinschaften angerichtet haben und weiterhin anrichten, können alle Wohlfahrtsprogramme zusammen nicht wettmachen. Vielerorts verarmen ganze Bevölkerungs- oder Berufsgruppen, etwa wenn Bergbaukonzerne dutzende von Adivasi-Dörfern zerstören oder Töpfer, Weber, Schmiede durch billige Importwaren vom Markt verdrängt werden.

Das Recht auf Arbeit, auf Schulbildung, vielleicht bald auch auf Nahrung – mit den neuen Programmen zur Armutsbekämpfung vollzieht Indiens Regierung einen Strategiewechsel. Statt auf kostspielige Subventionen und korruptionsanfällige Förderprogramme zu setzen, wird Hilfe zur Selbsthilfe *(empowerment)* geleistet und den Armen ein Rechtsanspruch auf Unterstützung *(entitlement)* eingeräumt. Vielleicht muss Rajkumar Mudhi eines Tages nicht mehr nach Bishnupur reisen, um in der Ziegelei zu schuften. Und vielleicht kann er eines Tages seine Kinder zur Schule schicken.

Erstmals erschienen in *Le Monde diplomatique* vom März 2010.

Der ungleiche Kampf zwischen staatlicher Miliz und maoistischer Guerilla im »roten Korridor«

Teufel und Beelzebub in Chhattisgarh

Von Cédric Gouverneur Journalist

Im Süden des indischen Bundesstaats Chhattisgarh trotzt das kleine Fort Rani Bodli dem Dschungel. Maschinenpistolen sind auf das unheimliche Dickicht gerichtet. In der Morgendämmerung des 15. März 2007 stürmten hunderte maoistische Rebellen aus dem Urwald. Sie griffen das Fort an und töteten 55 Polizeibeamte und Hilfspolizisten. Es gab nur 12 Überlebende, alle waren verletzt. Obwohl nur acht Kilometer entfernt, kam die Verstärkung für die Belagerten erst drei Stunden später.

Ein paar Wochen nach dem Gemetzel sitzt Essaryado, der Leiter des Polizeipostens, im Schatten unter einem Mangobaum. Er hat den Ellenbogen auf seine Kalaschnikow gestützt und scheint sich zu fragen, was er hier soll. Die meisten seiner Leute sind junge, unerfahrene Hilfspolizisten, so genannte Special Police Officers (SPO). »Den Polizeiposten gibt es seit 2005«, berichtet der Unteroffizier. Mit solchen Maßnahmen versuchte die indische Regierung, in den Dschungelgebieten wieder Fuß zu fassen. Seit den 1980er-Jahren hat sich dort der kommunistische Widerstand eingenistet. Doch die Machtdemonstration der Polizisten ist nur Fassade: Sie wagen sich nicht aus ihrer Festung, aus Angst, in einen Hinterhalt zu geraten. »Wenn wir in die Stadt wollen, nehmen wir den Bus, wie die Zivilisten, das ist sicherer«, gibt Essaryado resigniert zu.

Der nächste Überfall würde für sie höchstwahrscheinlich genauso schrecklich enden wie das Blutbad vom Frühjahr 2007. 2006 wurden in dem bewaffneten Konflikt zwischen kommunistischen Rebellen und indischer Regierung 749 Menschen getötet; zwischen Januar und September 2007 gab es 483 Tote.[1] Die Großmacht Indien reagiert hilflos auf die Rebellion. Die naxalitische Guerilla entstand im März 1967, als Bauern aus dem Dorf Naxalbari (Westbengalen) den Reisvorrat eines Grundbesitzers beschlagnahmten. Seit diesem Bauernaufstand haben verschiedene bewaffnete maoistische Gruppen den Widerstand im Dschungel und in abgelegenen Landesteilen aufgebaut. Bis vor wenigen Jahren war es ihnen jedoch nie gelungen, sich weiter auszubreiten.

Erst im September 2004 bekam die Guerilla neuen Zulauf, als sich die beiden größten Bewegungen, die People's War Group (PWG), die vor allem in Andhra Pradesh aktiv ist, und das kommunistisch-maoistische Zentrum Indiens (MCCI) aus Bihar zur Kommunistischen Partei Indiens/-Maoisten (CPI-Maoist) zusammenschlossen.[2]

Seitdem wurden die Naxaliten nach und nach in 16 der 28 indischen Bundesstaaten aktiv.[3] Im August 2007 umfasste ihr Aktionsradius bereits einen 92 000 Quadratkilometer großen »roten Korridor«, der von der nepalesischen Grenze bis zur Südostküste des Bundesstaates Andhra Pradesh reicht.[4] In Neu-Delhi fürchtet man, dass sich die Guerilla auch im Westen und Norden Indiens festsetzen könnte, in Gujarat, Rajasthan, Himachal Pradesh sowie Jammu und Kaschmir. Man weiß, dass die Rebellen auch in Großstädten wie Kalkutta, Bombay und Ahmedabad aktiv werden wollen.[5]

»Der Naxalismus ist die größte Herausforderung für die innere Sicherheit, die sich unserem Land je gestellt hat«, erklärte Premierminister Manmohan Singh von der Kongresspartei im April 2006 vor den Regierungschefs der Bundesstaaten. Denn im Gegensatz zu den Separatisten in Kaschmir oder in den nordöstlichen Bundesstaaten wollen die Naxaliten das gesamte indische Staatsgebiet erobern. Eine Verhandlungslösung ist sehr unwahrscheinlich, da die Aufständischen eine Revolution anstreben.

Ein hochrangiger Funktionär der Naxaliten – nennen wir ihn Patel – empfängt uns in einer indischen Großstadt.[6] Er interpretiert Singhs Worte als Eingeständnis der Führungsschicht, versagt zu haben, und als deutliches Zeichen von Panik. Das Ziel der Naxaliten sei, auf dem Land, da, wo der Staat schwach sei, die Kontrolle zu gewinnen, und dann die Volksmacht nach und nach bis in die Städte auszudehnen. Es sei eine langfristige Strategie. Doch die Globalisierung und ihre Folgen – Verarmung und Ungleichheit – würden diesen Prozess beschleunigen.

Ajaj Sahni, Direktor des Instituts für Konfliktmanagement (ICM)[7] in Neu-Delhi, erklärt, wie die Rebellen in der Regel vorgehen: »Die Maoisten untersuchen die soziale Lage in einem bestimmten Gebiet. Über Sympathisantenorganisationen mobilisieren und politisieren sie mit ihren Forderungen die Massen. Und die am stärksten Motivierten werden zu Kämpfern ausgebildet. Wenn dann die Gewalt ausbricht, ist es für den Staat schon zu spät, um einzugreifen.« Laut Sahni habe es der Geheimdienst lange Zeit versäumt, diese Deckorganisationen zu unterwandern. Immerhin wurden inzwischen sieben davon im Bundesstaat Orissa verboten.

Nach Schätzungen umfasst die Guerilla zwischen 10 000 und 20 000 Kämpfer, dazu 4 000 militante Anhänger, die die Logistik bereitstellen. Es heißt, dass die Naxaliten von den Tamil Tigers (LTTE) in Sri Lanka trainiert wurden[8], zum Beispiel im Umgang mit Sprengstoff.

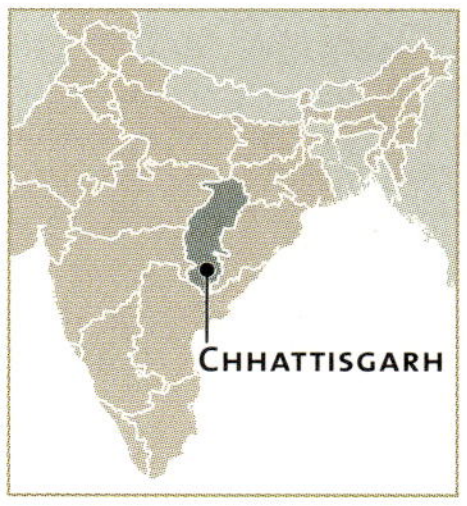

1 Institute for conflict management, Neu-Delhi, 27. August 2007. 2009 betrug die Zahl der Toten laut demselben Institut bis Anfang Oktober 749. Zwischen 2004 und 2008 verloren fast 4 300 Personen ihr Leben.
2 Im Juni 2009 wurde die CPI-Maoist als terroristische Organisation landesweit verboten.
3 2009 waren die Naxaliten in 20 der 28 Bundesstaaten oder in 223 Distrikten aktiv, knapp ein Drittel des Staatsgebietes. 2001 waren es 56 Distrikte gewesen.
4 Institute for conflict management, Neu-Delhi, August 2007.
5 Institute for conflict management, *Left wing extremism in India*, Neu-Delhi, Oktober 2007.
6 Der Besuch eines lokalen Stützpunkts wurde uns nicht gestattet, da die Guerilla fürchtete, die Sicherheitskräfte könnten unseren Spuren folgen und eine Offensive starten.
7 Das 1997 gegründete Institut für Konfliktmanagement betreibt seit 2000 das South Asia Terrorism Portal unter www.satp.org.
8 Siehe Eric Paul Meyer, »Sri Lanka – der hoffnungslose Konflikt«, *Le Monde diplomatique,* April 2007.

Detonationsort einer von Maoisten gelegten Landmine an der Straße von Jagdalpur nach Konta in Chhattisgarh. Die Detonation am 28. Februar 2006 tötete 28 Menschen und verletzte mehr als 40. Naxaliten zündeten auch sechs Lkw an, die Aktivisten der Salwa Judum transportierten.
BILD: AKHILESH KUMAR

Patel dementiert jede Unterstützung durch die tamilischen Separatisten, bestätigt jedoch einen anderen Verdacht der Regierung: Viele Waffen stammen von getöteten Polizisten, ein Teil wird aber auch von Handwerkern und Kleinunternehmen hergestellt.

»Überall im Land werden in der einen Werkstatt Abzugsstollen, in der nächsten Gewehrkolben und so weiter geschmiedet«, erzählt Patel. Er lächelt. »Und die komplette Waffe wird an einem sicheren Ort zusammengesetzt.« Die Polizei von Andhra Pradesh hat im September ein Versteck mit 875 Raketen ausgehoben, die in Untergrundwerkstätten in Madras (Tamil Nadu) gebaut worden waren.

Von Unternehmern und Geschäftsleuten erpressen die Maoisten eine »Revolutionssteuer«. »Jeder muss eine Steuer zahlen, die zwölf Prozent seiner Einkünfte beträgt«, berichtet P. V. Ramana von der Observer Research Foundation (ORF)[9] in Neu-Delhi. »Wer sich weigert, dessen Besitz wird angezündet, oder ihm geschieht Schlimmeres.«

Auch die großen Firmen zahlen Schutzgeld. »Manche haben sich mitten im Rebellengebiet niedergelassen und werden merkwürdigerweise nie angegriffen«, sagt ein Journalist aus Chhattisgarh. Ramana schätzt das jährliche Budget der CPI-Maoisten auf mindestens 2,5 Milliarden Rupien (46 Millionen Euro).

Glauben Patel und seine Leute an einen Sieg? »Früher hätte sich auch niemand vorstellen können, dass die Maoisten einmal in der nepalesischen Regierung sitzen würden.« Das stimmt, aber Indien ist die größte Demokratie der Welt und nicht ein kleines Bergland, das von einem verhassten Despoten regiert wird. Die Naxaliten, die von der Rechtmäßigkeit ihres bewaffneten Kampfes überzeugt sind, sprechen den Institutionen in Neu-Delhi jegliche Legitimität ab.

M. Muppala Laxman Rao, genannt Ganapathi, ist Generalsekretär der verbotenen Partei. Durch Vermittlung Patels konnten wir ihn schriftlich befragen. Er kritisiert den indischen Parlamentarismus: »Alle, die ins Parlament gelangen, sind doch nur Marionetten von Lobbyisten. Kann man von einer Demokratie sprechen, wenn die Wähler mit Geld oder Alkohol bestochen werden und die Gewählten bestimmte Volks-, Religions- oder Kastenzugehörigkeiten verherrlichen?«

In Indien werden häufig Stimmen gekauft, und Politiker schüren tatsächlich die Spannungen zwischen den verschiedenen Gemeinschaften, um ihre Macht zu sichern. Als im Februar 2002 im Bundesstaat Gujarat antimuslimische Pogrome ausbrachen, sprach man von einer eindeutigen Mitschuld des dortigen Regierungschefs Narendra Modi von der hindunationalistischen Volkspartei (Bharatiya-Janata-Partei, BJP). Und er hat es ganz offensichtlich seiner islamophoben Einstellung zu verdanken, dass er kurz danach wiedergewählt wurde. Auch die Wahlen vom Dezember 2007 gewann abermals Modis Partei.

Das Kastenproblem ist nach wie vor dramatisch: Im Dezember 2006 wurden 46 Menschen freigesprochen, die angeklagt waren, im Dorf Kambalapalli (Karnataka) 7 Dalits – »Unberührbare« – bei lebendigem Leibe verbrannt zu haben. Die Naxaliten rufen die 125 Millionen Dalits auf, sich ihnen anzuschließen. Am 14. März 2007 gab es bei der Niederschlagung einer Bauerndemonstration in Nandigram (Westbengalen) 14 Tote; die Bauern hatten sich der Beschlagnahmung ihres Landes widersetzt, auf dem eine »Sonderwirtschaftszone« entstehen sollte. Die Ordnungskräfte wurden dabei von bewaffneten Kämpfern der Kommunistischen Partei/Marxisten unterstützt. Seit drei Jahrzehnten regiert diese Partei Westbengalen. Ganapathi sagt, dass man an diesem Beispiel lernen könne, dass der Parlamentarismus den Revolutionär korrumpiert.

2007 wuchs Indiens Wirtschaft um 9,4 Prozent. Doch der Generalsekretär der Rebellenpartei verweist auf die Grenzen des Erfolgs: »Viele Luxusprodukte von gestern sind heute unverzichtbar geworden. Die Liste dieser Grundbedürfnisse wird immer länger, je mehr Konsumgüter es gibt und je mehr der Markt den Konsum anheizt! Und wer daran nicht teilnehmen kann, ist umso frustrierter. Auch das nimmt zu.«

Zwar entstehen in den Städten immer mehr Einkaufszentren, auf den Straßen fahren immer mehr Autos, und man hört überall Handys bimmeln. Doch Indien rangiert immer noch auf Platz 128 von 177 im Ländervergleich des Human Development Index 2007/2008.[10] China hingegen hält sich auf Rang 81. 400 Millionen Inder leben von einem Dollar am Tag, und jedes zweite Kind hat nicht genug zu essen.[11]

Chhattisgarh liegt etwa in der Mitte des »roten Korridors«. Hier kontrollieren 3000 Rebellen ein 25000 Quadratkilometer großes Gebiet. Im Süden des Staates gehören 80 Prozent der Bevölkerung zu den Adivasi, den Nachfahren der indischen Ureinwohner.[12] Sie sind arm. Die meisten können weder lesen noch schreiben. Korrupte, willkürlich herrschende Funktionäre stehen hier für die staatliche Macht. Die Naxaliten stießen in ein Vakuum: »Die Verzweiflung der ausgebeuteten und enteigneten Adivasi bietet eine klassische Ausgangsposition für den Beginn einer kommunistischen Revolution«, heißt es in einem Bericht des Asiatischen Zentrums für Menschenrechte (ACHR) vom 17. März 2006 über die Situation in Chhattisgarh.

Die Bauern, Jäger und Sammler der Adivasi, bislang von Polizisten, Waldaufsehern und Wucherern nur erpresst, freuten sich, dass die Guerilla diese Übeltäter vertrieb oder bestrafte. Die Naxaliten setzten auch durch, dass die Adivasi für die von Hand gepflückten Tendu-Blätter, aus denen Bidi-Zigaretten gerollt werden, einen guten Preis erhielten. »Der Staat hat nie etwas für uns getan«, heißt es im Dorf. »Bevor die Naxaliten kamen, haben uns die Polizisten ausgenommen.«

Die mobilen Grüppchen der Rebellen kommen und gehen, vor kurzem hat im Dorf eine Truppe haltgemacht und die Einwohner sogar zu einem Treffen »eingeladen«. Ein Lehrer berichtet, dass 20 bis 30 Prozent der Jugendlichen sich den Aufständischen anschließen, »freiwillig oder unter Zwang«.

9 www.observerindia.com.
10 Im Human Development Index 2009 ist Indien auf Platz 134 von 182 Staaten.
11 Laut Unicef leiden 47 Prozent der indischen Kinder unter fünf Jahren unter mittlerer oder schwerer Unterernährung (1996–2005). Unicef, *Situation des enfants dans le monde 2006*, www.unicef.org/french/sowc06/ (auch auf Englisch und Spanisch erhältlich).
12 In Indien leben 60 bis 70 Millionen Adivasi, sie bilden die größte Ureinwohnerbevölkerung der Erde. Die Adivasi, die häufig von den Erzeugnissen des Waldes leben, gehören zu den ärmsten Indern. Wie alle Minderheiten profitieren auch sie von den Quoten für »rückständige« Kasten (siehe Dossier »Positive Diskriminierung«, *Le Monde diplomatique*, Mai 2007).

Die Schule und die übrigen offiziellen Gebäude liegen in Trümmern. Die Guerilla hat sie in die Luft gesprengt, damit sie nicht als Kasernen dienen können. Die Naxaliten konzentrieren sich auf ihre militärischen Ziele und scheinen sich um die Bedürfnisse derer, die sie doch vertreten sollen, nicht weiter zu kümmern: »Sie haben ein junges Mädchen medizinisch ausgebildet, aber sie durfte nicht hier bleiben, um uns zu versorgen«, erzählen die Dorfbewohner. »Sie musste mit ihnen in den Dschungel ziehen.« Die Adivasi müssen mit den Maoisten auskommen, ob sie wollen oder nicht: 1993 wurden 66 Adivasi von der Guerilla getötet, als Vergeltungsmaßnahme für einen Aufstand.

Die Regierung von Chhattisgarh erprobt seit 2005 eine großflächige Strategie, die an die Methode des US-Geheimdienstes in Laos in den 1960er-Jahren erinnert: Man bildet Anti-Guerilla-Milizen aus und siedelt die Zivilisten in »strategische Siedlungen« um. Die Aufständischen verlieren so ihre Versorgungsstützpunkte. Und die Räumkommandos können anrücken. In Anlehnung an Maos Diktum, die Guerilla solle sich im Volk bewegen wie ein Fisch im Wasser, erklärt ein hoher Polizeibeamter, man müsse »das Becken trockenlegen, um den Fisch zu ersticken«. Die Hälfte aller Opfer des Konflikts kommen aus Chhattisgarh. Zehntausende Menschen sind auf der Flucht. Auf beiden Seiten werden Menschenrechte verletzt.

Im Juni 2005 wurde die Miliz Salwa Judum gegründet. Auf Gondi, einer in Mittelindien verbreiteten Sprache, kann das sowohl »Friedensmission« als auch »reinigende Jagd« bedeuten. Die Regierung von Chhattisgarh behauptete, es sei eine »Spontanaktion« der Landbevölkerung gewesen. Man habe keine Lust mehr gehabt, die Rebellen zu ernähren, und wolle sie mit Hilfe der Miliz vertreiben. Die Naxaliten sagen hingegen, Salwa Judum sei eine paramilitärische Miliz, gesteuert von der Hindu-Partei BJP und Oppositionsführer Mahendra Karma (Kongress-Partei). Heute weiß man, dass Salwa Judum als Instrument des Staates Angst und Schrecken verbreitet.

M.K.R. Pisda, der Verwaltungschef des Distrikts Dantewada im Süden von Chhattisgarh, fasst zusammen: »In unserem Distrikt leben 700 000 Menschen in 1153 Dörfern. Im Augenblick sind 644 Dörfer geräumt, die 53 000 Einwohner wurden in 27 Lagern versammelt. Heute sind sie für die Regierung. Die Rebellen, die nicht mehr auf die Unterstützung der Bevölkerung rechnen können, sind jetzt leichter zu bekämpfen.«

Die »strategischen Siedlungen« sind von Stacheldraht und MG-Ständen umgeben. Eine notwendige Maßnahme, denn die Naxaliten nehmen sie ins Visier, um die Bevölkerung zu zwingen, in ihren Dörfern zu bleiben. Im Juli 2006 griffen sie das Lager von Errabore an und töteten 31 Menschen, darunter viele Zivilisten. Die Lager wirken nicht so, als würde es sich nur um ein Provisorium handeln. Die Häuser sind solide gebaut. Offensichtlich will die Regierung die Bevölkerung hier festhalten, und zwar für immer. Es herrscht ein Verdachtsklima. Gespräche und Blicke verraten tiefes Misstrauen. Und die Freundlichkeit wirkt aufgesetzt. Wenn bestimmte Leute dazukommen, schweigen die Flüchtlinge oder sagen plötzlich etwas ganz anderes als zuvor.

Die ehemaligen Dorfbewohner von Korapad, die unter einem Baum im Lager Dornapal sitzen, haben den traurigen Blick von Entwurzelten. Und wenn man das Kind mit dem geblähten Hungerbauch sieht, zweifelt man an den liebenswürdigen Worten von Verwaltungschef Pisda, der versichert, man kümmere sich um die »Verbesserung der Lebensbedingungen« in den Lagern. Sowohl lokale als auch internationale Hilfsorganisationen kritisieren schon lange die erbärmlichen Verhältnisse.

Schlecht bewaffnete Special Police Officers (Hilfspolizisten) posieren im Distrikt Dantewada im südlichen Chhattisgarh.
BILD: PRAVEEN BHANSALI

»Manche Familien aus dem Dorf waren bei Salwa Judum«, erzählt einer, der aus Korapad kommt. Die Naxaliten gingen seit den 1980er-Jahren im Dorf ein und aus und erwarben sich Sympathien. Doch als die Miliz auftauchte, veränderte sich das Verhalten der Rebellen: »Sie warfen uns vor, wir würden alle Salwa Judum unterstützen. Wir mussten fliehen und alles zurücklassen. Hier haben wir nichts. Andere Flüchtlinge haben 12 000 Rupien [220 Euro] von der Regierung bekommen, um sich ein Haus zu bauen. Aber als wir ankamen, hieß es, wir seien zu spät, jetzt gebe es kein Geld mehr.« Fern ihrer Felder und Wälder befestigen die Männer jetzt Straßen für umgerechnet 1,10 Euro pro Tag.

Die Landschaft zwischen zwei Flüchtlingslagern sieht traurig aus: Verlassene, manchmal niedergebrannte Dörfer, brachliegendes Land, verwesende Viehkadaver. Der Bewuchs an den Straßenrändern wurde gerodet, um mögliche Hinterhalte zu zerstören. In einem ausgebrannten Weiler wurde eine bettlägerige alte Frau zum Sterben allein zurückgelassen. Ein Mann kommt vorbei, packt ein paar Sachen ein und zeigt auf die verbrannten Häuser: »Wir wollten nicht ins Lager, da haben uns die Leute von Salwa Judum beschuldigt, Maoisten zu sein, und Feuer gelegt.«

Weiter im Süden, im Lager von Errabore, erklärt Soyam Bhima, den man zum örtlichen Leiter der Salwa Judum gemacht hat, warum die Dorfbewohner nicht nach Hause zurückkehren können: »Die Rebellen würden sie umbringen.« Hinter ihm steht ein furchteinflößender Leibwächter mit dunkler Brille. Er trägt ein riesiges Gewehr. Eine Straßenecke weiter begegnet uns ein junges Mädchen in Uniform, das sofort strammsteht, als sie angesprochen wird. Java behauptet, sie sei 20 Jahre alt. Sie sieht aber aus wie 15. Java ist Special Police Officer und verdient 1500 Rupien (28 Euro) im Monat.

4000 Hilfspolizisten haben die Behörden in den letzten zwei Jahren rekrutiert. Die jungen Leute werden jedoch kaum geschult und sind nur mangelhaft ausgerüstet: Ein Special Police Officer hat keine Chance gegen einen kampferprobten Rebellen, wie die Tragödie von Rani Bodli zeigt.

Nichtregierungsorganisationen haben nachgewiesen, dass viele dieser Hilfspolizisten Minderjährige sind, die sich unter einer falschen Altersangabe bewerben. Indien beschäftigt also Kindersoldaten. Thakur Praful, Polizeichef des Distrikts, geht einfach darüber hinweg: »Die Geburtsurkunden beweisen, dass sie mindestens 18 sind.« Der Polizist gibt vor, nicht zu wissen, dass man eine gefälschte Urkunde für eine Handvoll Rupien kaufen kann.

Da die Naxaliten ebenfalls Kämpfer rekrutieren, die »mindestens 16 Jahre« alt sind, hat das Asiatische Menschenrechtszentrum (ACHR) dramatische Fälle »doppelter Zwangsrekrutierung« entdeckt: In derselben Familie ist ein Kind Guerillakämpfer, das andere Special Police Officer. Im Dorf Bijalpur geben junge Hilfspolizisten ohne Umschweife zu, dass sie »Leute getötet« haben. »Die Guerilla hat Komplizen im Dorf.« Und wie erkennt man die? »Sie verhalten sich merkwürdig. Dann verhaften und verhören wir sie.«

In Santoshpur, ganz in der Nähe, wurden im Mai die Leichen von sieben Männern exhumiert – umgebracht von Ordnungskräften und Salwa-Judum-Milizionären. Man hatte sie beschuldigt, Naxaliten zu sein. Zeugen des Massakers berichten: »Wir wollten nicht in die Lager ziehen. Dann haben sie diese Männer genommen und mit Spitzhacken auf sie eingeschlagen. Salwa Judum entscheidet, wer ins Lager geht: Sie verdächtigen uns, für die Naxaliten zu sein, deshalb bekommen wir keinerlei Unterstützung.«

Amnesty international kritisiert, dass Menschenrechtler belästigt wurden, weil man behauptet hat, sie seien Komplizen der Naxaliten. Eine ziemlich grobe Anschuldigung, zumal bekannt ist, dass die NGOs auch die Vergehen der Guerilla anprangern. Ein im Jahre 2005 verabschiedetes Gesetz, die Chhattisgarh Special Public Security Bill, zielt darauf ab, alle Kritiker zum Schweigen zu bringen, in offener Missachtung von Artikel 19 der indischen Verfassung, der die Meinungsfreiheit garantiert.

Mehrere lokale Beobachter glauben, die Regierung von Chhattisgarh verfolge mit ihrer Landvertreibungspolitik noch ein ganz anderes Ziel: Die Region soll industrialisiert werden. Die Bevölkerung von Chhattisgarh ist arm, doch das Land verfügt über Bodenschätze: Ein Fünftel der Eisenerzreserven Indiens lagern hier. Die Adivasi haben allerdings die Erfahrung gemacht, dass ihnen die industrielle Ausbeute nichts bringt. In der Mine von Bailadilla (1,2 Milliarden Tonnen Erz) werden sie nicht eingestellt, weil sie angeblich nicht genügend qualifiziert sind. Seit der Unabhängigkeit wurden Millionen von »Stammesangehörigen« im Namen des wirtschaftlichen Fortschritts umgesiedelt, aus dem sie keinerlei Profit ziehen konnten.

In Kalinga Nagar im Nachbarstaat Orissa haben Adivasi ein Jahr lang eine Straße blockiert, um den Verkauf ihres Landes an den indischen Großkonzern Tata zu verhindern. Am 2. Januar 2006 wurden 13 Blockierer bei einem Zusammenstoß mit der Polizei getötet. »Wir haben dieses unfruchtbare Land fruchtbar gemacht«, erzählt Ravinda Jarekar, der Sprecher der Protestbewegung. »Keine Entschädigung kann es uns zurückgeben, und wir wissen, dass Tata uns nicht einstellen wird.« Die Industrievorhaben in Chhattisgarh, Orissa und Jharkhand sollen Investitionen von insgesamt 30 Milliarden Dollar[13] anlocken, aber überall weigern sich die Bauern, ihre Parzellen zu räumen.

Im Juni 2005, als Salwa Judum gegründet wurde und die Zwangsumsiedlungskampagne begann, unterschrieb die Regierung von Chhattisgarh Verträge mit den Industriegiganten Tata und Essar, die Minen und Stahlwerke errichten wollten, und verpflichtete sich, das entsprechende Gebiet »verfügbar« zu machen. Der Vertrag enthält eine Geheimklausel, und die Regierung weigerte sich, sie den Abgeordneten der Opposition vorzulegen, obwohl das indische Gesetz dies verlangt.

Unheimlich ist auch die folgende Begebenheit: Im September 2006 zwang die Polizei die Dorfbewohner von Dhurli, ihr Land gegen eine geringe Entschädigung an den Konzern Essar abzutreten – in Anwesenheit von Mahendra Karma, dem Anführer von Salwa Judum.

Das Interesse der Industrie könnte auch die Eilfertigkeit der Regierung erklären, große Summen für Flüchtlingscamps auszugeben, die inzwischen zu richtigen Kleinstädten expandieren. Am Ende wäre es eine erzwungene Massenauswanderung der Adivasi von Chhattisgarh. Und wenn sie sich erst einmal in ihrem Provisorium auf Dauer eingerichtet, neue Arbeitsmöglichkeiten gefunden haben und soziale Bindungen eingegangen sind, dann werden sie sich zweifellos gern bereit erklären, ihre von »Terroristen« heimgesuchten, brachliegenden Felder abzutreten.

Das indische Wirtschaftswachstum, das auf dem Dienstleistungssektor basiert und von einer schrumpfenden Landwirtschaft gebremst wird, braucht nichts dringender als industriellen Fortschritt. Da dieser jedoch zu oft mit Willkürmaßnahmen einhergeht, schreckt die Bevölkerung davor zurück. Es ist die Ungerechtigkeit, von der die naxalitische Bewegung profitiert. Das hat der Premierminister in seiner Rede an die Regierungschefs der Bundesstaaten selbst gesagt. Also müsste die beste Antwort auf die Rebellion ein funktionierender Rechtsstaat sein und nicht eine zweifelhafte Aufstandsbekämpfung, die die Menschen ihrer Freiheit beraubt.

Aus dem Französischen von Sabine Jainski

13 Schätzung des Finanzanalysten CLSA, Bombay, August 2006.

Erstmals erschienen in *Le Monde diplomatique* vom Januar 2008.

MEIN ZUHAUSE.
ZWANGSRÄUMUNGEN GEHÖREN WELTWEIT FÜR TAUSENDE ZUM ALLTAG.
Wir setzen uns für die Rechte dieser Menschen ein. Mitmachen!
www.amnesty.de/wohnen
WOHNEN. IN WÜRDE.
AMNESTY INTERNATIONAL
Familien suchen in den Trümmern ihrer abgerissenen Häuser in Dey Krahorm nach Habseligkeiten,
Januar 2009 © www.nicolasaxelrod.com

DEUTSCHE+GUGGENHEIM
APRIL – OKTOBER 2010
WANGECHI MUTU
30.4. – 13.6.
BEING SINGULAR PLURAL:
MOVING IMAGES FROM INDIA
26.6. – 10.10.
UNTER DEN LINDEN 13/15, 10117 BERLIN, +49 (0) 30 - 20 20 93 - 0
10 – 20 UHR, MONTAGS EINTRITT FREI, DEUTSCHE-GUGGENHEIM.DE
BITTE BEACHTEN SIE, DASS SICH DIE AUSSTELLUNGSDATEN NOCH VERÄNDERN KÖNNEN.
ZWISCHEN DEN AUSSTELLUNGEN IST DAS DEUTSCHE GUGGENHEIM GESCHLOSSEN.
Brought to you by Deutsche Bank and the Solomon R. Guggenheim Foundation

Dschihad oder Gandhi in Kaschmir

Im Kampf um Selbstbestimmung sind gewaltfreie Aktionen mittlerweile wirksamer als Militanz

Von Basharat Peer Journalist aus der Stadt Anantnag in Jammu und Kaschmir und Autor des Buchs *Curfewed Night*, Delhi (Random House India) 2008.

Am 21. Februar 2009 versammelte sich im Bomai-Viertel von Sopur im Norden Kaschmirs eine vieltausendköpfige Menschenmenge zu einem Fest am Schrein eines Sufi-Mystikers. Obwohl es ein kalter Abend war, drängten sich Jung und Alt um die Verkaufsbuden, die entlang der Straße aufgeschlagen waren. In den letzten zwanzig Jahren haben die Kaschmiris sich angewöhnt, bei Sonnenuntergang zu Hause zu sein – aus Angst, in eine Schießerei zwischen aufständischen Separatisten und indischen Soldaten zu geraten oder selbst erschossen zu werden, weil man sie für Rebellen hält. Nur an religiösen Feiertagen wagen sich die Leute abends auf die Straße, weil sie davon ausgehen, dass religiöse Feste von der indischen Armee wie von den Aufständischen respektiert werden.

Deshalb dachten sich die meisten Leute nichts Böses, als ein indischer Armeekonvoi an der Menschenmenge vorbeifuhr; rund eine halbe Million indische Soldaten sind im Bundesstaat Jammu und Kaschmir stationiert. Aber der Konvoi hielt an, und Soldaten eröffneten das Feuer auf eine Gruppe junger Männer. Zwei von ihnen waren sofort tot: Muhammed Amin Tantray und Javid Ahmed Dar; ein dritter, Firdous Ahmed Khwaja, wurde mit mehreren Schussverletzungen ins Krankenhaus nach Srinagar gebracht.

Als sich die Nachricht von der tödlichen Schießerei herumgesprochen hatte, gingen Tausende auf die Straße. Aus dem spontan gebildeten Trauerzug, der die Leichen der beiden jungen Männer zum Polizeirevier des Viertels trug, ertönten Parolen für die Unabhängigkeit. Die Proteste breiteten sich über ganz Jammu und Kaschmir aus, Demonstranten forderten die Auflösung der indischen Militärlager. Im Bomai-Viertel von Sopur blieben die Schulen geschlossen; die Schüler demonstrierten gegen die Bedrohung durch Armeelager, die direkt an ihre Schulgebäude grenzen.

Bis 1947 war Kaschmir das größte von rund 500 »Fürstentümern« unter britischer Herrschaft. Die Bevölkerung war vorwiegend muslimisch, Herrscher aber war der Hindu Maharadscha Hari Singh. Bereits in den 1930er-Jahren wehrten sich die Kaschmiris, angeführt vom populären sozialistischen Lehrer Scheich Abdullah, gegen das Unterdrückerregime des Hari Singh. Nach der gewaltsamen Teilung des Subkontinents in die Staaten Indien und Pakistan spielte der Maharadscha zunächst auf Zeit. Doch als im Oktober 1947 Stammeskrieger aus der pakistanischen Nordwestprovinz, unterstützt von der pakistanischen Armee, in Kaschmir eindrangen, musste er handeln. Singh entschied sich für Indien.

Dabei hatte er die Unterstützung von Scheich Abdullah, der mit dem neuen indischen Premierminister Jawaharlal Nehru befreundet war und die pakistanischen Führer nicht mochte. Im Januar 1949 endeten die Kämpfe, nachdem die Vereinten Nationen eine Waffenstillstandslinie abgesegnet hatten: die so genannte Line of Control (LoC), die Kaschmir bis heute teilt. Der westliche Teil (genannt Asad Kaschmir – »freies Kaschmir«) steht unter pakistanischer, der östliche Teil (Jammu und Kaschmir) unter indischer Verwaltung. Nach dem Beitrittsabkommen, das Hari Singh im Oktober 1947 mit Delhi vereinbart hatte, war Indien zwar für Verteidigung, auswärtige Angelegenheiten und das Fernmeldewesen zuständig, aber der Staat Jammu und Kaschmir genoss eine starke Autonomie mit eigener Verfassung, Staatsflagge, Präsident und Premierminister.

Diese Autonomie schwand jedoch nach und nach. 1953 wurde der Premierminister Scheich Abdullah abgesetzt und inhaftiert, nachdem er von einer möglichen Unabhängigkeit gesprochen hatte. Indien installierte eine Marionettenregierung, die dazu beitrug, die staatsrechtlich verankerte Autonomie zu untergraben. Scheich Abdullah schloss 1975, nach langen Jahren im Gefängnis und in der Verbannung, einen Kompromiss mit der indischen Regierung, verzichtete auf die zuvor geforderte Volksabstimmung und wurde erneut Premierminister. Das blieb er bis zu seinem Tod 1982.

1987 manipulierte die Regierung von Jammu und Kaschmir das Ergebnis einer lokalen Wahl. Daraufhin kam es zum bewaffneten Aufstand muslimischer Sezessionisten, die von Pakistan unterstützt wurden. Junge Kaschmiris aus allen sozialen Schichten schlossen sich der Guerilla an, denn sie verstanden sich nicht als Inder und waren gegen die indische Herrschaft. Ausgebildet, bewaffnet und finanziert wurden sie von der pakistanischen Armee, und nach einjährigem militärischen Training im (pakistanischen) Asad Kaschmir wurden sie nach Jammu und Kaschmir zurückgeschickt.[1] Mitte der 1990er-Jahre schlossen sich den Separatisten auch pakistanische Dschihadisten an wie die Gruppe Lashkar-e-Taiba (LeT), die auch Selbstmordattentate in Indien organisierte.

Bis heute erheben sowohl Indien als auch Pakistan Anspruch auf das ganze Kaschmir. Seit den 1990er-Jahren hat dieser Konflikt an die 70 000 Menschenleben gekostet, darunter 6 000 indische Polizisten und Soldaten. Bürgerrechtsorganisationen und Parteien, die für einen gewaltfreien Weg zur Unabhängigkeit sind, sowie proindische Parteien fordern seit langem, Kaschmir zu entmilitarisieren oder zumindest die indischen Armeestützpunkte in den Wohngebieten aufzulösen. Ebenfalls zentral ist die Forderung, zwei Gesetze außer Kraft zu setzen, die das indische Militär im Kaschmir ermächtigen, ohne strafrechtliche Folgen auf jede verdächtige Person zu schießen.[2]

Der Mirwaiz (Prediger) Umar Farooq ist ein einflussreicher muslimischer Würdenträger in Kaschmir und zugleich Führer der wichtigsten separatistischen Allianz, der »All Party Hurriyat Conference« (APHC, Hurriyat bedeutet »Freiheit«), die nicht auf gewaltsame Methoden setzt. Am 1. März 2000 forderte Farooq bei einem Treffen

1 Siehe Roland-Pierre Paringaux, »Keine demokratische Lösung für Kaschmir in Sicht«, *Le Monde diplomatique*, Januar 2002.

2 »Disturbed Areas Act« und »Armed Forces Special Powers Act«. Siehe auch: Amnesty International, »Thousands lost in Kashmir mass graves«, 18. April 2008, www.amnesty.org/en/appeals-for-action/thousands-lost-kashmir-mass-graves. Der Armed Forces Special Powers Act sorgt auch in Indiens Nordosten für anhaltende Proteste.

Straße in Srinigar, der Sommerhauptstadt des Bundesstaates Jammu und Kaschmir.
BILD: ABID BHAT

mit Delegierten der EU, die unbegrenzten Machtbefugnisse der indischen Truppen unverzüglich aufzuheben und Kaschmir zu entmilitarisieren.[3]

Farooq und seine APHC haben die Parlamentswahlen vom November/Dezember 2008 boykottiert, deren Ergebnisse[4] jedoch nicht angefochten. Aber die Allianz stellt die indische Herrschaft in Kaschmir insgesamt infrage. Das unterscheidet sie von den beiden proindischen Parteien, der National Conference (JKNC) und der People's Democratic Party (PDP). Ungeachtet ihrer Differenzen treten jedoch alle drei Bewegungen für eine Entmilitarisierung des Landes ein.

Die Regierung von Jammu und Kaschmir wird heute von Scheich Abdullahs Enkel Omar Abdullah geführt, der zugleich Präsident der National Conference ist, der ältesten politischen Partei Kaschmirs. Nach den Todesschüssen vom 21. Februar reagierte der Regierungschef sofort auf die Empörung seiner Landsleute und ordnete eine Untersuchung der Vorfälle von Bomai an. Zudem versprach er, sich für eine Änderung der Gesetze über die Befugnisse der indischen Truppen in Kaschmir einzusetzen. Aber die Regierung in Srinagar kann nur Empfehlungen aussprechen; die Entscheidung liegt beim Innenministerium in Delhi.

Dort hatte der indische Premierminister Manmohan Singh bereits im Mai 2006 eine Arbeitsgruppe unter dem Vorsitz des (muslimischen) Vizepräsidenten Mohammad Hamid Ansari eingesetzt. Diese hat bereits die Aufhebung der beiden extrem unpopulären Gesetze gefordert, da sie »die fundamentalen Rechte der Bürger einschränken und das öffentliche Leben beeinträchtigen«.[5] Die heftige Konkurrenz der indischen Parteien verzögert aber oft die Umsetzung solcher Empfehlungen – zumal viele von ihnen angesichts der bevorstehenden Parlamentswahlen im Mai Angst hatten, in der Kaschmirfrage als »Weichlinge« dazustehen.

Seit Sommer 2008 wird die Forderung nach einer Entmilitarisierung Kaschmirs immer energischer vorgebracht. Von Mitte Juli bis Ende September 2008 kam es in Jammu und Kaschmir zu den größten Demonstrationen seit dem Aufstand von 1990. Nach einem Konflikt um ein Stück Land, das an einen Hindu-Schrein abgetreten werden sollte, gingen hunderttausende Kaschmiris auf die Straße und skandierten Parolen gegen die indische Herrschaft (»Go India, Go«).

Überraschenderweise blieben die Proteste friedlich. Auf die indischen Soldaten wurde nicht ein einziger Schuss abgefeuert, was darauf schließen ließ, dass die militanten Islamisten, die in den letzten zehn Jahren immer wieder aktiv geworden waren, keinen Einfluss mehr auf das Geschehen haben. Es sah so aus, als sei die Bevölkerung von Jammu und Kaschmir mit einem großen

Der Kaschmir-Konflikt

Im pakistanischen wie im indischen Selbstverständnis spielt Kaschmir eine zentrale Rolle. Da Pakistan sich als Lebensraum für die Muslime des Subkontinents definiert, besteht es darauf, dass das mehrheitlich von Muslimen bewohnte Kaschmir dazugehört. Indien definiert sich dagegen trotz hinduistischer Mehrheit als säkularer Staat (in dem ohnehin mehr Muslime als in Pakistan leben). Deshalb würde eine Aufgabe Kaschmirs aufgrund der Religion das indische Selbstverständnis verletzen. Gemeinsam ist beiden Kontrahenten die Furcht, eine Aufgabe ihres Anspruchs auf Kaschmir könnte sezessionistischen Strömungen in anderen Landesteilen Auftrieb geben und das Ende des jeweils multiethnischen Staates einleiten.

Nach der Teilung Britisch-Indiens 1947 hatten von Pakistan unterstützte Rebellen auf einen Anschluss des Fürstentums Jammu und Kaschmir, wo mehrheitlich Muslime leben, an Pakistan gedrängt. Damals lebten in dem Gebiet 4,2 Millionen Menschen, heute sind es 11 Millionen. Der Norden ist überwiegend muslimisch, der Süden hinduistisch und der Osten (Ladakh) buddhistisch. Der bedrängte, autoritär regierende hinduistische Maharadschah, der zunächst für Unabhängigkeit optierte, bat um Delhis Beistand. Der erfolgte unter der Bedingung des Anschlusses. Der erste Kaschmirkrieg zwischen Indien und Pakistan endete 1949 mit der Teilung der Region entlang der Waffenstillstandslinie (Line of Control). Eine vom UN-Sicherheitsrat 1948 geforderte Volksabstimmung ließ Indien nie zu, und Pakistan zog sich nicht wie vereinbart zurück.

China besetzte 1956 und 1962 das Aksai-Chin-Plateau, nach Pekinger Lesart ein 1846 von Britisch-Indien besetztes Territorium. 1963 trat das mit China verbündete Pakistan im Gegenzug für chinesische Hilfe einen schmalen Gebietsstreifen an die Volksrepublik ab. Seitdem ist China dritte Konfliktpartei. 1965 kam es zu einem weiteren Krieg zwischen Indien und Pakistan um Kaschmir.

Seit 1989 gibt es im indischen Bundesstaat Jammu und Kaschmir einen separatistischen Guerillakrieg. Zunächst von lokalen Gruppen begonnen, wurde er immer stärker von Pakistan gelenkt. Die Kämpfer rekrutierten sich meist aus Mudschaheddin mit Afghanistan-Erfahrung und pakistanischen Militärs. Seitdem terrorisieren militante Islamisten und indische Sicherheitskräfte die Region. 1999 kam es nach dem Eindringen von Kämpfern aus Pakistan zum so genannten Kargil-Konflikt der inzwischen atomar bewaffneten Nachbarn. Den konnte erst amerikanischer Druck auf Pakistan beenden. In den letzten Jahren hat sich die Bevölkerung im indischen Teils Kaschmirs zunehmend von pakistanischen Einflüssen emanzipiert. Zugleich wuchs in Indien und Pakistan der Wunsch, das bilaterale Verhältnis aus der Geiselhaft des ungelösten Konflikts herauswachsen zu lassen.

Sven Hansen

3 *Greater Kashmir* (Srinagar), 3. März 2009.
4 Die Wahlen fanden vom 17. November bis zum 24. Dezember 2008 statt. Von den 87 Sitzen gewann die proindische National Conference (JKNC) 28 Sitze; die Kongresspartei (ICP), die in Srinagar derzeit an der Macht ist, 17 Sitze, 21 gingen an die People's Democratic Party (PDP), den früheren Koalitionspartner der Kongresspartei.
5 http://timesofindia.indiatimes.com.

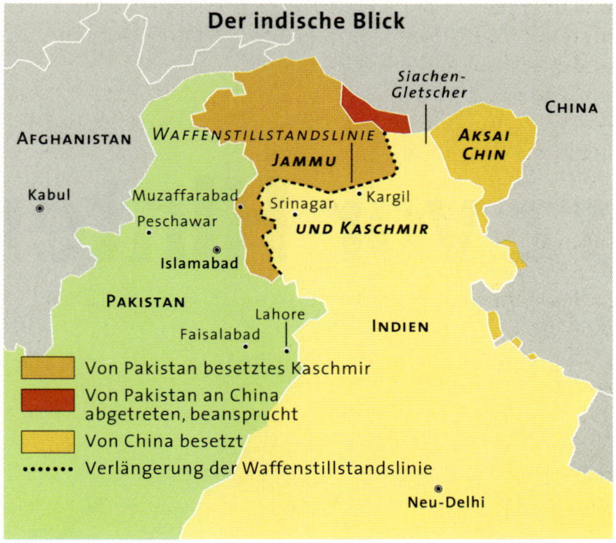

Quelle: *Atlas der Globalisierung*, 2009.

Schritt zu gewaltfreien Protestformen im Sinne Gandhis übergegangen.

Die indischen Soldaten und Polizisten schossen trotzdem auf die Demonstranten und töteten über 50 Menschen, mehr als 700 wurden verletzt. »Ich habe fünfzehn Leute operiert, konnte aber nur fünf retten«, erzählt Dr. Saleem Iqbal, Chefarzt der Notfallchirurgie am SMHS-Krankenhaus in Srinigar: »Ich musste die Beine von zwölf- und dreizehnjährigen Jungen amputieren, seitdem hasse ich Indien.« Erst Mitte Oktober konnte die indische Regierung mit militärischen Operationen und rigorosen Ausgangssperren die Protestbewegung stoppen.

Das repressive Vorgehen der Inder gibt den islamistischen Gruppen die Chance, neue Kader zu rekrutieren. Für die radikalsten Dschihadisten wie Hafiz Muhammad Saeed von Lashkar-e-Taiba bleibt Kaschmir die »höchste Sache«, für die er zum »Heiligen Krieg« aufruft. Vom pakistanischen Lahore aus organisierte Saeed Angriffe auf indische Ziele in Kaschmir und in mehreren indischen Städten, darunter auch die Attentate von Bombay im November 2008. Drei Monate zuvor hatte Saeed in Lahore erklärt: »Wenn Kaschmiris zur Moschee gehen, wird auf sie geschossen, Leichen liegen auf der Straße. Ihr müsst aufwachen und für eure muslimischen Brüder in Kaschmir kämpfen. Wie könnt ihr jetzt noch gleichgültig bleiben?«[6]

Trotz solcher Sprüche haben die Toten und die Gewalt der letzten zwanzig Jahre den Menschen in Kaschmir klargemacht, dass eine gewaltfreie Strategie weit mehr erreichen könnte als ein Aufstand. Viele Dschihadisten der separatistischen Bewegungen wurden von indischen Soldaten getötet, und wenig junge Kaschmiris sind noch bereit, sich ihnen anzuschließen. Die Polizei in Kaschmir geht davon aus, dass diese Gruppen heute über weniger als 500 aktive Kämpfer verfügen.

Yasin Malik war früher der Kommandeur der nichtreligiösen Rebellengruppe »Jammu and Kashmir Liberation Front«. Heute ist er ein aktiver Verfechter der Gewaltfreiheit nach dem Vorbild Gandhis und betont, Kaschmir sei »die einzige muslimische Konfliktzone, wo die Leute auf Gewalt verzichten und eine gewaltfreie Politik betreiben.« Kurz vor den Wahlen wurde Yasin Malik verhaftet.

Die separatistischen Organisationen lehnen seit jeher die Teilnahme an indischen Wahlen ab, was allerdings ihrer Sache kaum genützt hat. Die Wahlen im November und Dezember 2008 endeten jedoch mit einer Überraschung. Man hatte eine äußerst schwache Wahlbeteiligung erwartet, doch dieses Mal gingen die Menschen zu den Urnen und erteilten damit den extremen Separatisten eine Absage.

Die militanten Gruppen hielten sich mit Gewaltakten zurück, und es gab auch keine Drohungen gegen Wähler oder einzelne Kandidaten. »Wir müssen eine klare Grenze ziehen zwischen Wahlen, bei denen es um die Bewältigung unserer alltäglichen Probleme geht, und dem umfassenderen Kampf um die politische Zukunft Kaschmirs«, sagt Sajjad Lone, ein prominenter Separatist von der gemäßigten Fraktion. Er räumt ein, dass die Strategie des Wahlboykotts gescheitert ist: »Wir können den Leuten keine Straßen, Krankenhäuser, Schulen und Arbeitsplätze verschaffen.«

Im Stadtteil Batamalu von Srinagar sah ich die Leute vor einem Wahllokal Schlange stehen. Der 44-jährige Ladenbesitzer Aijaz Bhat zeigte auf die verwahrloste, von nicht entsorgten Müllkästen gesäumte Straße und sagte: »Das ist Srinagar, die Hauptstadt von Kaschmir, in diesem Zustand! Ich wähle, weil unsere Straßen repariert werden müssen, weil wir eine bessere Stromversorgung brauchen, weil unsere Kinder Jobs haben sollen.«

In Srinagar stieg die Wahlbeteiligung auf über 20 Prozent, gegenüber nur 5 Prozent bei den letzten Wahlen von

Fortsetzung auf Seite 33

6 www.jammu-kashmir.com/archives/archives2007/kashmir20070501c.html.

Kurz vor Hinterindien

In der nordöstlichen Unruheregion erweisen sich die Nachbarländer neuerdings als willige Helfer bei der Bekämpfung der zahlreichen Rebellengruppen

Von Subir Bhaumik*

Was Indiens Innenminister P. Chidambaram über den äußersten Nordosten seines Landes sagt, klingt verhalten optimistisch: »In dieser Grenzregion stößt unser Nation-Building-Prozess seit der Unabhängigkeit immer wieder auf den Widerstand bewaffneter Rebellenbewegungen. Doch neuerdings gibt es eine Aussicht auf Frieden«.

Damit unterscheidet sich die Situation im Nordosten erheblich von der im äußersten Westen. Hier sehen die Inder ihren Nachbarn Pakistan am Werk, der immer noch militante islamische Gruppen in dem umstrittenen Gebiet von Jammu und Kaschmir unterstützt (und womöglich auch indische Muslime in anderen Regionen). Im Nordosten dagegen, sagt Nirupama Rao, die Staatsministerin im Außenministerium, haben die Nachbarstaaten Bangladesch, Bhutan und Birma begonnen, die indische Regierung in ihrem Kampf gegen die separatistischen Gruppen zu unterstützen.

Indien hat inzwischen Vereinbarungen über die Bekämpfung von grenzüberschreitenden Aufstandsbewegungen mit Bhutan und Birma abgeschlossen. Seit kurzem gibt es auch ein Abkommen mit Bangladesch, das Premierministerin Sheikh Hasina im Januar 2010 bei ihrem Besuch in Delhi unterzeichnet hat. Bereits Ende 2009 gab es eine massive Operation des indischen Militärs gegen separatistische Rebellengruppen aus dem Nordosten, die seit fast zwanzig Jahren immer wieder Zuflucht in Bangladesch fanden und auch vom Militärgeheimdienst in Dhaka unterstützt wurden.

Die größten Verluste erlitt im Gefolge der indischen Operation die United Liberation Front of Assam (Ulfa), eine der stärksten Rebellenarmeen in der Grenzregion. Fast die gesamte Führung um den »Vorsitzenden« Arabinda Rajkhowa wurde auf bangladeschischem Territorium festgenommen und an die Inder ausgeliefert. Genauso erging es mehr als hundert Guerillakämpfern anderer aufständischer Gruppen, weitere 300 flohen aus ihren Lagern über die Grenze und stellten sich den indischen Behörden. Die Regierung in Dhaka ließ fast vierzig Konten einfrieren, auf denen die Rebellenführer eine Gesamtsumme von nahezu 4 Milliarden Taka (etwa 465 000 Euro) deponiert hatten.

»Dhaka hat diesen Rebellengruppen einen harten Schlag versetzt; speziell die Ulfa ist damit ausgeknockt«, behauptet der indische Verteidigungsexperte Gaganjit Singh, ein ehemaliger Generalmajor. Nach der Schützenhilfe durch Bhutan und Bangladesch hat sich auch Birma zu einer begrenzten Aktion durchgerungen. Die Rebellen werden also bald nirgends mehr Zuflucht finden.

Ohne die Unterstützung von jenseits der Grenzen hätten die Rebellenarmeen im Nordosten Indiens weder die Schläge der mächtigen indischen Militärmaschine noch die Machenschaften der Politiker überstehen können, denen es mit diversen Versprechen oft gelang, die Separatisten zu spalten. Und seit die Aufständischen immer weniger Hilfe aus dem Ausland bekommen, hoffen die Inder aus ihrem Nordosten eine echte »Wachstumsregion« machen zu können – und das ebenfalls mit Hilfe ihrer Nachbarn.

Bijoy Hanique, Minister für die Nordostregion in der Unionsregierung, glaubt, dass bedeutende in- und ausländische Investitionen ins Land fließen werden, wenn erst einmal der Teufelskreis der Gewalt durchbrochen ist. Und der Ökonom Jayant Madhab, der selbst aus Assam stammt und früher bei der Asiatischen Entwicklungsbank gearbeitet hat, gibt ihm recht: »Die Investoren sind aus Angst vor den Rebellen weggeblieben. Deshalb stagnierte die wirtschaftliche Entwicklung, was wiederum zu mehr Unzufriedenheit und verstärkten Aktivitäten der Rebellen geführt hat. Das ändert sich jetzt hoffentlich.«

Das mag sein, aber es wird nicht so schnell gehen, wie Madhab und viele andere im Nordosten Indiens es sich wünschen. Zwar gestattet Bangladesch den Indern die Nutzung der beiden großen Häfen Chittagong und Mongla als Umschlagplatz für Güter, die vom indischen Subkontinent in die Nordostregion gelangen sollen. Und in Birma dürfen sie den Hafen Sittwe nutzen, von wo aus der indische Nordosten über den Kaladan-Fluss zu erreichen ist. Aber beide Länder haben kein Geld und erwarten, dass Indien für die zur Bewältigung des zusätzlichen Güteraufkommens nötigen Investitionen in den Ausbau ihrer Häfen, ergänzenden Eisenbahnlinien, Straßen und Wasserwege aufkommt.

Gemeinsam mit China unterstützt Birma noch ein wichtiges Verkehrsprojekt: Den Ausbau der fast 1 800 Kilometer langen Stillwell Road, die während des Zweiten Weltkriegs von den Engländern angelegt wurde. Diese Fernstraße durch das nördliche Birma würde die alte Verbindung zwischen Assam und der chinesischen Provinz Yunnan wiederherstellen und den Transportweg nach Westchina beträchtlich abkürzen, erklärt Rajiv Singh von der indischen Handelskammer: »Über diese Straße könnten 20 bis 30 Prozent des indisch-chinesischen Handels abgewickelt werden. Das wird den Nordosten Indiens zu einem bedeutenden Industriestandort und Handelsumschlagplatz machen.« Noch sind all diese Pläne nur Zukunftsmusik und konkret hat sich bislang wenig getan.

Der Nordosten Indiens zählt 43 Millionen Einwohner und hat eine Fläche von rund 246 000 Quadratkilometern; er besteht aus Ebenen, vor allem entlang des Brahmaputra, und bergigen Regionen. Administrativ ist er in sieben Bundesstaaten aufgeteilt.[1] Die einzige territoriale Verbindung mit dem restlichen Indien ist der »Chicken Neck«, der an der engsten Stelle nur 22 Kilometer breit ist. Zu 98 Prozent grenzt also der Nordosten nicht an andere indische Bundesstaaten, sondern an die Nachbarländer China, Birma, Bangladesch, Bhutan und Nepal.

*Indischer Journalist und Ostindien-Korrespondent des BBC World Service in Kalkutta. Im Dezember 2009 veröffentlichte er das Buch *Troubled Periphery: Crisis of India's North East* (Sage Studies on India's North East).

1 Arunachal Pradesh: 1,37 Millionen Einwohner, Assam: 29,2 Millionen, Manipur: 2,8 Millionen, Meghalaya: 2,7 Millionen, Mizoram: 1,05 Millionen, Nagaland: 2,71 Millionen, Tripura: 3,5 Milllionen.

Kinder von Arbeitern eines Steinbruchs spielen Cricket in Tawang im nordöstlichen Bundesstaat Arunachal Pradesh.
BILD: REUTERS | ADNAN ABIDI

Die meisten Völker der nordöstlichen Bundesstaaten haben mongolische Vorfahren, die einst aus Südostasien oder Südwestchina zugewandert sind. Diese ethnische Zusammensetzung macht den Nordosten in den Worten des Ethnografen Peter Kunstader zu einer Region, die »immer weniger an Indien erinnert und immer mehr an das angrenzende Hochland von Südostasien.«

Die Bevölkerung empfindet nicht nur eine kulturelle Fremdheit gegenüber dem restlichen Indien und lehnt das postkoloniale Nation-Building-Programm ab, auf das sich Innenminister Chidambaram in Delhi so stolz beruft. Viele Gruppen bestehen auch auf dem Recht auf Selbstbestimmung und fordern territoriale Souveränität. Um diese Ziele zu erreichen, haben militante Rebellenorganisationen schon häufig länger andauernde bewaffnete Aufstände angezettelt und Terrorakte verübt. Sie gingen sogar so weit, an belebten Plätzen Bomben hochgehen zu lassen.

Sehr oft allerdings bekämpfen diese disparaten ethnischen Gruppen ihre lokalen Rivalen noch erbitterter als die indische Herrschaft. Zwischen vielen dieser Ethnien gibt es tiefsitzende Ressentiments, und häufig kommt es vor, dass sie dasselbe Territorium exklusiv für die eigene Community beanspuchen. Diese Konflikte haben mindestens ebenso viele Opfer gefordert wie die Aufstandsbewegung gegen die indischen Autoritäten. Verstärkt werden diese Spannungen noch durch illegale Einwanderung aus Nachbarländern wie Bangladesch und Nepal, aber auch aus anderen indischen Bundesstaaten. Damit verschieben sich nicht nur die demografischen Gewichte, sondern die einzelnen Ethnien rücken auch dichter zusammen.

Die indische Zentralregierung hat sich angewöhnt, die ethnischen Auseinandersetzungen nach dem Teile-und-herrsche-Prinzip auszunutzen, statt als Vermittler einzugreifen, um den Streit beizulegen. In der Tat kann man sagen, dass die Differenzen zwischen den zerstrittenen Volksgruppen der Region es den Indern leichter gemacht haben, das »Problem des Nordostens« unter Kontrolle zu halten. »Das ist einer der wichtigsten Gründe, warum die separatistischen Aktivitäten im Nordosten keinerlei Erfolgschancen haben«, meint der Politikwissenschaftler Sabyasachi Basu Ray Choudhury. Diese Wunde wird vielleicht nicht so schnell verheilen, aber eine staatliche Abspaltung wird es hier nie geben, wie etwa im Fall Bangladesch, das sich von Pakistan losgesagt hat, oder Osttimor, das heute unabhängig ist von Indonesien.«

Die Nordostregion ist reich an Rohstoffen wie Öl und Erdgas, aber auch an pflanzlichen Produkten wie Tee und Kautschuk, Heilpflanzen und Früchten. Im Bundesstaat Meghalaya hat man riesige Uranvorkommen entdeckt, die von enormer Bedeutung für das indische Atomprogramm sind. Die Regierung in Delhi plant riesige Staudämme, vor allem in dem dünn besiedelten Bundesstaat Arunachal Pradesh im äußersten Nordosten. Damit will man das riesige Potenzial an Wasserkraft nutzen, das mit rund 40 000 Megawatt angegeben wird.

Die Region wird damit zu einer Art Kraftwerk für die indische Wirtschaft, die bei ihrem raschen Wachstum einen ständig steigenden Energiebedarf hat. Die Ressourcen des Nordostens wurden bislang nicht ausgebeutet. Die Region war im Gegenteil auf riesige Budgetmittel aus der Bundeskasse angewiesen: Die ineffiziente Bürokratie fraß Zuschüsse und Kredite aus Delhi auf, mit denen eigentlich Entwicklungsprojekte hätten finanziert werden sollen.

Die neue Nachbarschaftspolitik Delhis sorgt zwar dafür, dass die bewaffneten Rebellen keine Hilfe mehr von jenseits der Grenzen beziehen, aber das bedeutet nicht, dass die Aufstandsbewegungen binnen kurzem einschlafen werden. Dazu ist das Misstrauen einfach zu tief verwurzelt. Auf der Liste, die das South Asia Terrorism Portal im Internet[2] publiziert, sind für den Nordosten Indiens 115 Rebellengruppen aufgeführt. Davon sind zurzeit noch 104 aktiv. Von denen schätzt Delhi allerdings nur zehn bis zwölf so stark ein, dass die indischen Antiterroreinheiten sie ernsthaft bekämpfen müssen.

Einige dieser Organisationen – wie der National Socialist Council of Nagaland (NSCN) – sind echte Separatisten, die für einen unabhängigen Staat kämpfen; manche streben wie die Rebellengruppen der Bodo in Assam für ihre Volksgruppe nur die Bildung eines eigenen indischen Bundesstaats an. Aber die meisten anderen wollen lediglich in autonomen Stammesgebieten leben. Und während die einen Gruppen ihre Operationen vor allem gegen die indischen Sicherheitskräfte und Politiker richten, befehden sich die anderen in erster Linie gegenseitig.

Inzwischen haben allerdings sieben separatistische Organisationen angekündigt, dass sie sich im Kampf gegen die indische Herrschaft verbünden wollen. Im Januar 2010 forderten sie in einer gemeinsamen Erklärung, den Republic Day zu boykottieren – ein Protestakt mit Tradition. Außerdem drohten die Rebellen, die Feiern mit »koordinierten Angriffen« zu stören. Nachdem am 25. Januar 2010 in Manipur und Assam insgesamt drei Bomben hochgegangen waren – es gab 11 Verletzte –, wurden die staatlichen Sicherheitsvorkehrungen massiv verstärkt. Doch am Republic Day selbst, der an das Inkrafttreten von Indiens republikanischer Verfassung am 26. Januar 1950 erinnert, feierten zum Beispiel in Assam viele mit, die sich dem Boykott nicht anschließen wollten. In Manipur hingegen wurden die Geschäfte geschlossen und die Leute blieben zu Hause.

Die sieben Rebellengruppen operieren in Assam, Tripura und Manipur. In diesem Bundesstaat an der Grenze zu Birma soll die Lage am schlimmsten sein.[3] Insgesamt verfügen die Gruppen über 7 000 bis 8 000 Kämpfer, die gut ausgebildet und auch stark bewaffnet sind, weil sie sich in Birma zu günstigen Preisen chinesische Waffen und Sprengstoff beschaffen können. »Die Zahl der Aufständischen ist zwar nicht gigantisch«, sagt Brigadegeneral a. D. Basant Ponwar, der früher die Armeeschule für Aufstandsbekämpfung CIJWS (Counter-Insurgency and Jungle Warfare School) in Vairengte (Mizoram) lei-

2 www.satp.org/satporgtp/countries/india/terroristoutfits/index.html.

3 Zumindest eine dieser Gruppen, die Peoples Liberation Army (PLA) von Manipur, arbeitet mit den militantesten Maoisten Indiens zusammen und will gemeinsam mit diesen »die Banditenregierung in Delhi« bekämpfen.

tete, »aber weil die Rebellen einige lokale Unterstützung finden und das Terrain sehr gut kennen, braucht man hier sehr viele Soldaten.«

Alle sieben verbündeten Gruppen weisen inzwischen die indischen Friedensangebote zurück und bestehen auf ihrer Forderung nach Unabhängigkeit. Mindestens zwei von ihnen verlangen von Delhi ein entsprechendes Plebiszit in den Bundesstaaten Assam und Manipur. »Wenn die Leute sich in diesem Plebiszit gegen die Unabhängigkeit aussprechen, werden wir die Waffen niederlegen und unseren langen Kampf einstellen«, erklärte mir vor kurzem Paresh Barua, einer der Anführer der Separatisten von Assam. Allerdings müsse das Plebiszit unter Aufsicht der Vereinten Nationen abgehalten werden.

Für ein ähnliches Plebiszit ist auch Rajkumar Meghen, der Anführer der separatistischen Organisation von Manipur, der United National Liberation Front (UNLF). Er fordert die indische Regierung auf, die Operationen gegen die UNLF einzustellen, die schon mindestens drei große militärische Offensiven gegen ihre Stützpunkte an der Grenze zu Birma zurückgeschlagen hat. »Die UNLF ist die einzige separatistische Gruppe, die es geschafft hat, die Kontrolle über einen Großteil des von ihr gehaltenen Territoriums zu bewahren«, räumt ein Offizier des militärischen Geheimdienstes ein. Der Oberst, der anonym bleiben will, findet das beunruhigend.

Noch beunruhigender ist allerdings die Lage der Menschenrechte in Manipur und zum Teil auch in Assam. Der Polizeichef von Manipur hat zugegeben, dass es 2009 in seinem Bundesstaat mindestens 62 umstrittene Todesfälle gab, bei denen gegen die Polizei ein Prozess wegen des Verdachts außergerichtlicher Hinrichtungen angestrengt wurde. Einige der Todesopfer waren ehemalige Kämpfer, die sich ergeben hatten, andere waren Bauern

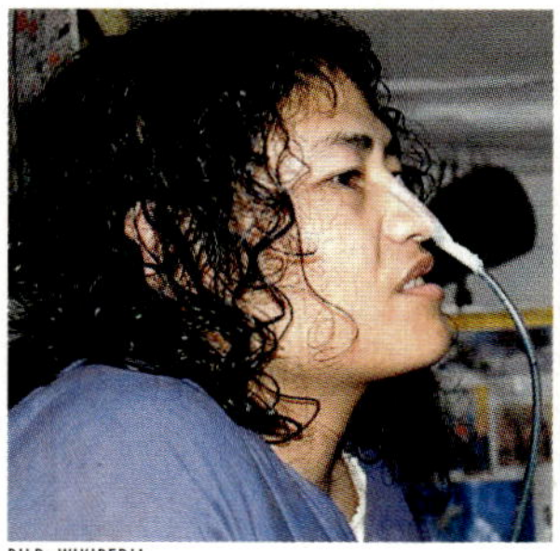

BILD: WIKIPEDIA

Irom Chanu Sharmila: Hungerstreik und Zwangsernährung seit November 2000

Am 10. März 2010 ist die Menschenrechtsaktivistin Irom Chanu Sharmila wieder einmal festgenommen und in einem Krankenhaus in Imphal, der Hauptstadt des nordöstlichen Bundesstaates Manipur, an einen Infusionsschlauch angeschlossen worden. Denn sie hatte ihren Hungerstreik wieder aufgenommen, mit dem sie, von kurzen Unterbrechungen abgesehen, seit dem 4. November 2000 gegen die Sondervollmachten für die staatlichen Sicherheitskräfte protestiert. Dabei war die »Eiserne Lady von Manipur« erst zwei Tage zuvor, am internationalen Frauentag, aus ihrem Arrest im Jawaharlal-Nehru-Krankenhaus freigelassen worden.

Die heute 38-Jährige wird dort seit dem 6. November 2000 fast ununterbrochen zwangsernährt. Der Armed Forces Special Powers Act (AFSPA), den sie unermüdlich anprangert, stammt aus dem Jahr 1958 und beruht auf einem Vorläufer aus der Kolonialzeit. Außer im aufstandsgeplagten Nordosten, wo das Sondergesetz seit 1980 gilt und den Sicherheitskräften einen Freibrief für Menschenrechtsverletzungen erteilt, wird es nur noch in Kaschmir angewendet. Eine Kommission, die die Regierung aufgrund des zunehmenden öffentlichen Drucks eingesetzt hatte, empfahl 2005 seine Abschaffung – vergeblich.

»Ich bin entschlossen, das Fasten für die Sache fortzusetzen, für die ich seit mehr als einem Jahrzehnt kämpfe«, sagte Sharmila in den wenigen Stunden ihrer Freiheit im Büro einer Unterstützergruppe, wo sie den Hungerstreik sofort wieder aufnahm. Eine Frauengruppe unterstützt sie dort seit dem 10. Dezember 2009, dem internationalen Tag der Menschenrechte, mit einem Staffel-Hungerstreik. Sharmila konnte noch von einer Menschenrechtsgruppe aus Kerala eine Auszeichnung entgegennehmen, dann wurde sie zum neunten Mal festgenommen und die Zwangsernährung wieder fortgesetzt.

Nach indischem Gesetz ist versuchter Selbstmord mit bis zu einem Jahr Gefängnis strafbar. Justiz und Behörden werten Sharmilas Hungerstreik als Selbstmordversuch und lassen sie so immer wieder verhaften und zwangsernähren. Sie muss aber nach einem Jahr wieder freigelassen werden und kann dann erst wieder festgenommen werden, wenn sie ihren Hungerstreik fortsetzt.

Sharmila hatte in der ersten Hälfte der 1990er-Jahre für eine Nichtregierungsorganisation in Manipur Menschenrechtsverletzungen dokumentiert. Doch ihre Arbeit kam ihr wirkungslos vor. Nachdem indische Paramilitärs am 2. November 2000 in Imphal zehn Menschen, die an einer Bushaltestelle warteten, getötet hatten, griff sie auf eine Methode des zivilen Ungehorsams zurück, mit der schon Mahatma Gandhi gegen die britische Kolonialmacht Erfolg hatte: das Hungerfasten.

Darauf reagiert Indiens Regierung, die sich selbst auf Gandhi beruft, ähnlich hilflos wie seinerzeit die Briten. Delhi will unbedingt verhindern, dass Sharmila stirbt, denn damit bekäme Manipurs separatistische Bewegung eine Märtyrerin. Obwohl die Regierung sie weitgehend von der Medienöffentlichkeit abschirmen konnte, hat ihr Fall doch öffentliche Aufmerksamkeit erregt – mit dem Ergebnis, dass sie am 2. Oktober 2006, Gandhis Geburtstag, freigelassen wurde. Daraufhin fuhr Sharmila nach Delhi, besuchte die Einäscherungsstätte von Mahatma Gandhi, setzte dort ihren Hungerstreik in einem Park fort und wurde wieder zwangsernährt.

Schon als Kind hat sie einen Tag in der Woche gefastet. Inzwischen ist ihre Gesundheit stark angegriffen. Für die Bevölkerung in Manipur ist sie längst eine Heldin, auch wenn sie den Friedensnobelpreis, für den sie schon vorgeschlagen wurde, noch nicht erhalten hat.

Sven Hansen

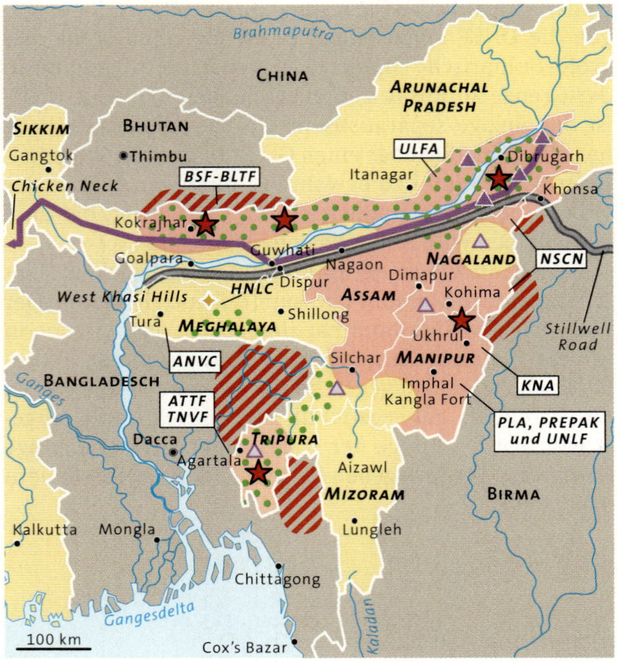

Rebellengruppen im Nordosten Indiens

ATTF
All Tripura Tiger Force
TNVF
Tripura National Volunteer Force
PLA
People's Liberation Army
UNLF
United National Liberation Front
KNA
Kuki National Army
NSCN
National Socialist Council of Nagaland
ULFA
United Liberation Front of Asom
BSF
Border Security Forces
BLTF
Bodo Liberation Tigers Front
PREPAK
People's Revolutionary Party of Kangleipak
HNLC
The Hynniewtrep National Liberation Council
ANVC
Achik National Volunteer Council

- ▲ Ölförderung
- △ Exploration von Ölvorkommen
- Ölpipeline
- Teeanbau
- Uranvorkommen
- Operationsgebiete von Guerillagruppen
- Rückzugsgebiete von Guerillagruppen
- ★ ethnische Konflikte

Quellen:
Robert Bryniki; *Le Monde;* BBC; Reuters; AFP; AP; South Asia Analysis Group, 2006; Subir Bhaumik, *Insurgencies in India's Northeast Conflict,* East-West Center, Washington, Nr. 10, Juli 2007.

oder arbeitslose Jugendliche, die von den Rebellengruppen als Kuriere oder Informanten benutzt wurden.

Im August 2004 wurden Soldaten der paramilitärischen Assam-Rifles-Einheit in Manipur beschuldigt, ein Mädchen vergewaltigt und getötet zu haben. Es kam zu einer Protestwelle. Vierzehn ältere Frauen zogen sich direkt vor dem Hauptquartier der Assam Rifles im Fort Kangla aus und riefen: »Kommt heraus und vergewaltigt uns!«

Nach dem Tod des Mädchens bestellte die Bundesregierung in Delhi eine fünfköpfige Kommission ein, die unter dem Vorsitz von Richter B.P. Jeevan Reddy, der bis 1997 im Obersten Gerichtshof gesessen hatte, den Fall neu aufrollen sollte. Sanjoy Hazirka, ein Mitglied der Reddy-Kommission, hat bereits erklärt: »Wir sind einstimmig für die Aufhebung des Notstandserlasses, andernfalls wird sich die Lage der Menschenrechte in Manipur und dem übrigen Nordosten nicht bessern.«

Die Menschenrechtsaktivistin Irom Chanu Sharmila befindet sich seit dem November 2000 im fast ununterbrochenen Hungerstreik.[4] Damit will sie die Aufhebung des Notstandserlasses erzwingen, der den Sicherheitskräften in Manipur praktisch unbegrenzte Macht verleiht, die diese immer wieder missbrauchen. Die Regierung hat die Empfehlungen der von ihr selbst eingesetzten Kommission immer noch nicht umgesetzt. Die Gründe erläutert Nandita Haksar, die bekannteste indische Anwältin für Menschenrechtsfragen, die schon viele Klagen gegen das indische Militär wegen Übergriffen gegen die Zivilbevölkerung der Nordostgebiete angestrengt hat: »In Delhi haben die Sicherheitskräfte eine starke Lobby, und die Bundesregierung ist nicht gewillt, sich mit diesen Leuten anzulegen, vor allem solange es immer wieder zu Terrorangriffen kommt und die Stimmung im Rest des Landes für eine Politik der starken Hand plädiert.«

Auch in Assam hatte die Bildung einer Kommission, die sich mit »verdeckten Morden« beschäftigen sollte, keine gerichtliche Verurteilung zur Folge. Polizeiangehörige, denen Auftragsmorde an Familienangehörigen von Ulfa-Mitgliedern vorgeworfen werden – durch ehemalige Rebellen, die den Kampf aufgegeben hatten –, wurden sogar noch befördert. »Diese Kommission zur Untersuchung der außergerichtlichen Hinrichtungen wurde zu einer einzigen Farce«, meint Lachit Bordoloi, der Vorsitzende der in Assam ansässigen Menschenrechtsgruppe MASS (Manab Adhikar Sangram Samity).

Der Regierung in Delhi ist offenbar nicht recht bewusst, dass die rechtswidrigen Übergriffe der indischen Sicherheitskräfte die Öffentlichkeit in den Bundesstaaten des Nordostens dermaßen empören, dass viele allein aus diesem Grund bereit sind, sich den Rebellengruppen anzuschließen. »Wenn sie meine unschuldigen Familienangehörigen umbringen, werde nicht nur ich in den Untergrund gehen, sondern auch meine Brüder und Schwestern«, ließ vor kurzem Mithinga Daimary verlauten, der ehemalige »Sekretär für Öffentlichkeitsarbeit« der Ulfa, der in Assam im Gefängnis sitzt.

Gegen die Brutalitäten im Nordosten protestieren auch im übrigen Indien viele Bürger, weil sich die Gewalt auf andere Bundesstaaten ausweitet. Bei diesen Konflikten geht es um mehr als ethnischen Stolz. Es geht auch um Land: mit einem großen landwirtschaftlichen und Ressourcenpotenzial, das auf bedeutende Öl-, Gas- oder Erzvorkommen hoffen lässt. Das Streben nach politischem Einfluss, ökonomischer Macht oder gesellschaftlichem Ansehen heizt die Konflikte an. Und noch ein Faktor spielt eine immer größere Rolle: Ein Großteil der Gewalt rührt von illegalen Aktivitäten wie Rauschgift- und Waffenhandel über die birmesische Grenze hinweg. Etliche dieser Rebellengruppen haben längst ihre ursprünglich »ethnischen« Motive vergessen und agieren heute eher nach Mafia-Art.

Selbst die älteste ethnische Aufstandsbewegung im Nordosten – die der Naga-Stämme – ist davon infiziert. Beide Fraktionen des National Socialist Council of Nagaland (NSCN) verhandeln seit zwölf Jahren mit der Regierung in Delhi. Dieser mühsame Prozess werde aber vor allem dadurch aufgehalten, dass die NSCN-Führer in illegale Geschäfte wie den Drogenhandel eingestiegen sind, meint Donald Ingti von der Antidrogenpolizei: »Die langjährigen Scharmützel zwischen dem NSCN und den Milizen des Kuki-Stammes haben nicht nur mit territorialen Streitigkeiten zu tun. Es geht auch um die Kontrolle der Drogenhändlerrouten zwischen dem birmesischen ›Goldenen Dreieck‹ und Indien.« Einst war die NSCN eine sittenstrenge christliche Rebellengruppe, in der Alkoholismus und Drogensucht strikt geahndet wurden. Doch in den vergangenen Monaten wurden ihre Anführer immer wieder auf frischer Tat ertappt, als sie dabei waren, Heroin und Amphetamine aus Birma einzuschleusen.

4 Irom Chanu Sharmila wird bis heute in Polizeigewahrsam zwangsernährt *(siehe Seite 31 in diesem Heft)*.

Dennoch zeigen die indischen Behörden keine große Lust, stärkeren Druck auf die NSCN-Kämpfer auszuüben, solange diese den mit Delhi unterzeichneten Waffenstillstand einhalten. Delhi hofft, dass dieser den Rebellen letztlich die Existenzgrundlage entziehen wird. Das sei nur eine Frage der Zeit, meint der indische Innenstaatsminister G. K. Pillai: »Wenn wir die stärkste dieser Gruppen, die NSCN, an den Verhandlungstisch zwingen können, werden die anderen folgen.« Im Gespräch mit dem Autor meinte er weiter: »Wir haben nie viel von Gewalt gehalten, also setzen wir nur in begrenztem Maße auf militärische Aktionen. Wir tun das nur, um die Rebellen an den Verhandlungstisch zu zwingen, so dass über einen Dialog beiderseits akzeptable Lösungen herauskommen können.«

Doch die Regierung setzt bei der Niederschlagung der ethnischen Aufstände nicht mehr nur auf militärische Gewalt oder finanzielle Anreize, Dialogangebote und Teile-und-herrsche-Taktik, sondern neuerdings auch auf eine offensive Diplomatie gegenüber den Nachbarstaaten. Allerdings betont die Staatsministerin im Außenministerium, Nirupama Rao: »Wir erwarten von unseren östlichen Nachbarn nicht nur eine Zusammenarbeit in Sicherheitsfragen. Wir wollen sie überzeugen, dass die vor der Teilung Indiens bestehenden Verkehrsverbindungen nach Birma, Bangladesch und sogar China wiederhergestellt werden sollten, um den Handel zu erleichtern. Das ist die Hauptstoßrichtung unserer Ostpolitik.«

Unter einem Premierminister, der Ökonom ist und dessen Wahlkreis in der Nordostregion liegt, hat sich der Schwerpunkt der indischen Politik von der Sicherheit auf die Wirtschaftsbeziehungen verlagert. »Der Nordosten wird immer mehr als gemeinsamer transregionaler Wirtschaftsraum betrachtet«, meint Sanjib Barua, Politikwissenschaftler aus Assam. Aber er gibt auch ehrlich zu, dass diese Vision nur Gestalt annehmen kann, wenn in Delhi – und in ganz Indien – ein Umdenken stattfindet: »Indien sollte den Nordosten als einen Teil seiner selbst ansehen – und nicht als ein feindliches Territorium, das nur wegen seiner Bodenschätze wichtig ist, aber nicht wegen der Menschen, die hier leben.«

Aus dem Englischen von Niels Kadritzke

Erstmals erschienen in *Le Monde diplomatique* vom Februar 2010.

Fortsetzung von Seite 27

2002. Und in Jammu und Kaschmir insgesamt erreichte die Wahlbeteiligung die Rekordhöhe von 60 Prozent.

Das geht zum Teil auf das Konto von Pakistan, wo die Regierung ihre militanten Islamisten etwas schärfer an die Kandare genommen hat: Während die Auseinandersetzungen im Jahr 2001 noch 4500 Menschenleben gekostet hatten, waren es 2008 weniger als 600. Der damalige Militärmachthaber Pervez Musharraf hatte den in Kaschmir kämpfenden Gruppen weitgehend seine Unterstützung entzogen.[7]

Trotz der Spannungen zwischen Indien und Pakistan als Folge der Terroranschläge von Mumbai im November 2008 gibt es Anzeichen dafür, dass die feindlichen Nachbarn sich allmählich auf eine Lösung des Kaschmirkonflikts zubewegen. Im April 2005 hatten beide Länder eine Busverbindung über die innerkaschmirische Grenze hinweg genehmigt, aber dies und die darauf folgende Öffnung von Straßenverbindungen blieben weitgehend symbolisch. Seitdem haben beide Regierungen nichts Ernsthaftes unternommen, um ihre jeweilige Bevölkerung vom Verzicht auf den Anspruch auf ganz Kaschmir zu überzeugen.

Dennoch laufen zwischen Delhi und Islamabad seit vier Jahren diskrete, aber ernsthafte Hintergrundgespräche, die von Manmohan Singh und Musharraf begonnen wurden. Die damit betrauten Diplomaten haben ein Dokument erarbeitet, das die Grundlage für eine Regelung der Kaschmirfrage skizziert. In der Zeitschrift *The New Yorker* hat Steve Coll einige der Kernpunkte enthüllt: »Die Kaschmiris sollen die spezielle Berechtigung bekommen, sich frei auf beiden Seiten der Line of Control zu bewegen und Handel zu treiben. Jede der beiden Regionen des früheren Fürstentums soll einen Autonomiestatus erhalten, wobei man die Einzelheiten später aushandeln will. Unter der Voraussetzung, dass die Gewalt abnimmt, sollen beide Seiten ihre Truppen aus der Region schrittweise abziehen.«[8] Eine autonome Region Kaschmir mit einer durchlässigen Grenze könnte in der Tat für alle beteiligten Parteien – für die Kaschmiris, die Inder und die Pakistaner – eine akzeptable Lösung sein.

Offizielle Verhandlungen zwischen Indien und Pakistan könnten schon bald wieder aufgenommen werden, denn die die US-Regierung von Barack Obama glaubt, dass eine friedliche Lösung in Kaschmir der pakistanischen Regierung erlauben wird, sich auf ihre unruhigen Nordwestprovinzen zu konzentrieren und in Afghanistan enger mit den USA zusammenzuarbeiten.

Obwohl Indien sich mehrfach gegen eine »Einmischung von außen« in den Kaschmirkonflikt ausgesprochen hat, wurden die USA von Delhi im Allgemeinen in Verhandlungen mit Pakistan einbezogen, was speziell auch für die Ermittlungen nach dem Attentat von Bombay gilt. Man kann sich gut vorstellen, dass Richard Holbrooke, Barack Obamas Sonderbeauftragter für Pakistan und Afghanistan, das Thema Kaschmir in Islamabad und Delhi ansprechen und die Führungen beider Länder ermuntern könnte, neu zu verhandeln – und den Kaschmiris einen Platz am Verhandlungstisch zu geben. In Obamas Worten: »Es wird nicht leicht, aber es ist wichtig.«

Aus dem Englischen von Niels Kadritzke

7 Siehe Jean-Luc Racine, »Pakistan steht vor der Wahl«, und Graham Usher, »Pakistan, Partner unter Verdacht«, *Le Monde diplomatique,* Februar 2007 und Januar 2009.
8 Steve Coll, »The Back Channel«, *The New Yorker,* 2. März 2009, www.newamerica.net/publications/articles/2009/back_channel_11191.

Erstmals erschienen in *Le Monde diplomatique* vom Mai 2009.

Bombay

Die Stadt, die unsere Zukunft ist

Monsunregen in Bombay.
BILD: PREMSHREE PILLAI

Von Suketu Mehta*

*Preisgekrönter Autor, der in Kalkutta geboren wurde, in Bombay aufwuchs und heute in New York lebt und dort Journalismus unterrichtet. Er schrieb *Bombay. Maximum City*, Frankfurt/Main (Suhrkamp), 2006.

Am 27. Juli 2004 ging in Bombay die größte Regenmenge nieder, die je registriert wurde: 94 Zentimeter an einem Tag. Der Wolkenbruch brachte die besten und die schlimmsten Seiten der Stadt zum Vorschein. Hunderte Menschen ertranken in den Fluten. Aber im Unterschied zu den Zuständen in New Orleans nach dem Hurrikan »Katrina« brach die öffentliche Ordnung nicht zusammen. Und obwohl die Polizei keine Präsenz zeigte, gab es keinen Anstieg der Kriminalitätsrate. Das lag daran, dass die Menschen alles taten, um sich gegenseitig zu helfen. Slumbewohner liefen zur Stadtautobahn, um den dort liegengebliebenen Autofahrern zu helfen. Vielen von ihnen wurde Zuflucht in Elendsquartieren angeboten, wo bis zu sieben Erwachsene in einem Raum leben. Freiwillige Helfer wateten durch das hüfthoch stehende Wasser, um die 150 000 Menschen, die in den Bahnhöfen eingeschlossen waren, mit Essen zu versorgen.

Die Menschen fassten sich an den Händen und bildeten Ketten, um Ertrinkende aus den Fluten zu retten. Von der Regierung und ihren Organen war kaum etwas zu sehen, doch das hatte auch niemand anders erwartet. Die Einwohner von Bombay halfen sich gegenseitig, weil sie jede Hoffnung auf Hilfe seitens der Regierung verloren haben. Und genau so wird es im 21. Jahrhundert den meisten Menschen auf der Welt ergehen.

Bombay ist mit den 15 Millionen Menschen, die innerhalb seiner Stadtgrenzen leben, die bevölkerungsreichste Metropole einer Erde, deren Bewohner mehrheitlich in Großstädten leben. Es ist die größte, reichste und am schnellsten wachsende Großstadt Indiens. Hier boomt die Wirtschaft, und zugleich herrscht sozialer Notstand. Bombay ist eine Insel der Hoffnung in einem sehr alten Land. Und weil die in Bollywood produzierten Filme so viele Menschen erreichen, ist Bombay zugleich die Stadt, von der die Massen in ganz Indien träumen. Wenn man die Stadt durchwandert, wird man entdecken, dass alles – ob Sex oder Tod, Handel oder Religion – auf offener Straße oder am Straßenrand stattfindet.

Dies ist eine Stadt der Superlative: Hier sind Not und Elend am größten – wie auch die Herzen. Bombay ist der Inbegriff für eine Gruppe von Megastädten in den Entwicklungs- und Schwellenländern, zu der Städte wie São Paolo, Lagos und Jakarta gehören. In all diesen Ballungsräumen gibt es eine unkontrollierte Zuwanderung vom flachen Lande und gewaltige Infrastrukturprobleme, riesige Slumsiedlungen und einen permanenten sozialen Überlebenskampf – und doch bleiben diese Megastädte für die jungen Menschen ein Fanal der Hoffnung.

Dabei entwickeln sie sich in eine ganz andere Richtung als die Metropolen, die das 20. Jahrhundert geprägt haben, also wie New York, London oder Paris, deren Wachstum inzwischen an seine Grenze gestoßen ist. Die Erste und die Dritte Welt sind nicht mehr auf die beiden entgegengesetzten Großregionen, auf »den Norden« und »den Süden« unseres Planeten verteilt, sie liegen dicht beieinander, ja sie prallen innerhalb derselben Stadt aufeinander. In Bombay gibt es Menschen, die so reich sind, dass sie ihre Hemden zum Waschen nach Paris schicken. Und umgekehrt liegt die Lebenserwartung eines Bewohners von Harlem niedriger als die eines Bürgers von Bangladesch.

Indien entzieht sich jeder Beschreibung, denn alles, was man über dieses Land sagen kann, ist wahr und falsch zugleich. Gewiss, Indien dürfte schon bald das Land mit der größten Mittelschicht der Welt sein. Aber heute hat das Land noch die größte Unterschicht der Welt. Und dasselbe gilt für Bombay. In dieser Stadt wächst alles im exponentiellen Maßstab: die Callcenter, die internationale Verbreitung der hier produzierten Filme, die Bedeutung der Börse als Eingangstor zum indischen Finanzmarkt, aber ebenso die Slums, die Anzahl der in absoluter Armut lebenden Menschen, der Verfall der städtischen Infrastruktur.

Als Modell für die Entwicklung von Bombay haben die Stadtplaner ganz offensichtlich Schanghai vor Augen. Und die lokale Regierung hat sich einen von McKinsey vorgelegten Report zu Eigen gemacht, der den Titel »Vision Mumbai« trägt und als Ziel formuliert, Bombay »bis 2013 zu einer Stadt von Weltniveau« zu machen. Der indische Architekt und Städtebauer Charles Correa konstatiert, dass der Report »wenig Visionäres enthält. Die Vorschläge haben eher etwas von Halluzinationen.«

Bombay braucht dringend eine drastische Verbesserung der elementaren kommunalen Leistungen, also des Straßen- und Abwassernetzes, des städtischen Transportwesens, der medizinischen Versorgung, der Sicherheit für die Bürger. Doch die Stadt steht vor einem Widerspruch, den einer der Stadtplaner so beschrieben hat: »Je angenehmer wir die Stadt machen, desto mehr Menschen werden herziehen, um hier zu leben.«

Heute stammt die große Mehrheit der Binnenmigranten aus den verarmten nordindischen Bundesstaaten Uttar Pradesh und Bihar. Die Probleme von Bombay sind also nicht zu lösen, bevor nicht die Probleme von Bihar gelöst sind. Entscheidend ist, dass der Bauer in Bihar auf seinem Acker bleibt. Und das bedeutet: Die kleinen Bauern müssen wieder von der Landwirtschaft leben können. Wenn die Vereinigten Staaten und die Europäische Union ihre verzerrenden Subventionen abschaffen würden, wäre das schon ein großer Schritt, um zum Beispiel die indische Baumwolle gegenüber der US-amerikanischen konkurrenzfähig zu machen. Bombay ist somit auf Gedeih und Verderb von nationalen und internationalen Faktoren abhängig, auf die es keinerlei Einfluss ausüben kann.

Für uns alle, wo immer wir leben, ist es also wichtig, dass den Menschen in Megastädten wie Bombay geholfen wird. 2003 hat die UN anlässlich ihrer Habitat-Konferenz einen Bericht publiziert (The Challenge of Slums: Global Report on Human Settlements 2003), der die Prognose enthält, dass bis zum Jahre 2030 60 Prozent der Weltbevölkerung in Großstädten leben und dass 2 Milliarden Menschen in Slums wohnen werden. Der Bericht verweist auf die Gefahr, dass die Unternehmen der Ersten Welt im Zuge eines »Wettlaufs nach unten« ihre Investitionen und Arbeitsplätze ins Ausland, genauer: in die Städte mit den niedrigsten Arbeitskosten verlagern werden. Das bedeutet, dass die Verzweiflung der Slumbewohner in Städten wie Bombay unmittelbare Folgen für das ökonomische Schicksal der Menschen in New York oder Los Angeles oder London oder Berlin haben wird.

Derselbe UN-Bericht enthält auch die Warnung, dass diese Slums zum Nährboden für Extremisten werden können, falls wir keine politischen Rezepte entwickeln, die den kulturellen Unterschieden zwischen älteren und neueren Immigranten gerecht werden. Für London ist es genauso wichtig, Bombay zu verstehen, wie es für Bombay wichtig ist, London zu verstehen. Und sei es nur, weil die nächste Generation der Londoner in Bombay geboren wird. In der Stadt also, die unsere Zukunft ist, ob es uns gefällt oder nicht.

Erstmals erschienen im *Atlas der Globalisierung* 2007.

BILD: SVEN HANSEN

Der muslimische Befreiungstheologe Asghar Ali Engineer kämpft für den säkularen Staat

»Jeder wirklich religiöse Mensch hat Mitgefühl für das Leid anderer, und besonders für das Leid der Schwächeren in der Gesellschaft«, sagt Asghar Ali Engineer. Er ist Indiens bekanntester islamischer Reformtheologe.

Aber der 71-jährige Engineer ist zugleich ein überzeugter Vertreter des Säkularismus: »Religion ist ein Instrument und kein Ziel, und wie viele Instrumente kann es sinnvoll gebraucht, aber auch missbraucht werden.«

Engineer gehört der schiitischen Glaubensgemeinschaft der Dawoodi-Bohras an, einer kleinen Minderheit unter den 150 Millionen indischen Muslimen, von denen die meisten Sunniten sind. Es ist wohl auch diese Erfahrung, in einem mehrheitlich hinduistischen Land einer doppelten Minderheit anzugehören, die ihn zu dem gemacht hat, was er ist: ein überzeugter Vorkämpfer für religiöse Toleranz und interreligiösen Dialog sowie ein Verfechter der klaren Trennung von Staat und Religion.

Engineer leitet in Bombay das »Zentrum für die Studien der Gesellschaft und des Säkularismus« (CSSS). Die einflussreiche kleine NGO war 1993 unter dem Eindruck der Zerstörung der Babri-Moschee in Ayodhya (im Bundesstaat Uttar Pradesh) gegründet worden. Der Anschlag auf das muslimische Heiligtum war das Werk fundamentalistischer Hindus und löste damals eine Welle religiös motivierter Gewalt aus. Seitdem reist Engineer durch Indien und wirbt mit seinen Vorträgen für Toleranz unter den Gläubigen aller Religionen. Das CSSS organisiert auch Seminare für Polizisten, in denen Engineer und seine Mitstreiter die Beamten über religiöse Vorurteile und ihre Folgen aufklären.

Sein religiöses Wissen hat Ashgar Ali Engineer von seinem Vater, einem Bohra-Prediger aus Rajasthan. Er selbst begann auch, Arabisch zu lernen, entschied sich schließlich doch für einen zivilen Beruf und wurde Ingenieur. Als solcher arbeitete er zwanzig Jahre lang für die Stadtwerke von Bombay. Zusammen mit Gleichgesinnten rebellierte er 1972 gegen die strenge Hierarchie und die autoritäre Führung in seiner Glaubensgemeinschaft und gründete eine religiöse Reformbewegung. Seitdem wirkt Engineer als Gelehrter und setzt sich beharrlich für soziale Gerechtigkeit ein. Gegen ihn wurden bereits fünf Mordversuche unternommen, der letzte im Jahr 2000.

Für orthodoxe Muslime, die auf der wortgetreuen Auslegung des Koran beharren und jede moderne, auf die heutige Wirklichkeit bezogene Interpretation ablehnen, ist der tolerante, zurückhaltende Engineer eine Reizfigur. Ihnen passt es nicht, dass er das islamische Scharia-Recht – aber auch das vom traditionellen Islam propagierte Frauenbild – als ein Produkt der feudalistisch-geprägten Vergangenheit bezeichnet, das mit dem Islam an sich nicht viel zu tun habe. Da Engineer die Frauen als den schwächeren Teil der Gesellschaft sieht, setzt er sich für eine echte Gleichberechtigung der Geschlechter ein.

2004 wurden Ashgar Ali Engineer und der Hindu-Reformer Swami Agnivesh, ein scharfer Kritiker der Hindunationalisten, aufgrund ihres Einsatzes für interreligiöse Verständigung mit dem alternativen Nobelpreis ausgezeichnet. Diese Ehrung galt auch einer Einsicht, für die Engineer bis heute steht: »Nicht die Religion selbst, sondern ihr Missbrauch und ihre Politisierung sind die Hauptgründe für religiös motivierte Gewalt.«

Sven Hansen

Nisha Sharma sitzt am 14. Mai 2003 vor elektrischen Haushaltsgeräten, die Teil ihrer ursprünglichen Mitgift waren, und hält eine Einladung zu ihrer Hochzeit in den Händen.
BILD: REUTERS | B. MATHUR

Nisha Sharma: Unfreiwillige Heldin im Kampf gegen die Mitgift

Ein östlicher Vorort von Delhi. Die Hochzeitskapelle spielt schon, 2000 Gäste sind erschienen, der Hindu-Priester hat das zeremonielle Feuer entzündet. Die 21-jährige Informatikstudentin Nisha Sharma ist als Braut festlich an Händen und Füßen mit Henna bemalt. Doch dann kommt ihr ein Streit zu Ohren zwischen ihrem Vater und der Familie ihres künftigen Ehemannes. Der Bräutigam und seine Mutter verlangen umgerechnet noch weitere 22000 Euro als Mitgift von Vater Sharma, der sich dazu nicht in der Lage sieht. Schließlich hat er dem Bräutigam und seiner Familie außer einem Auto schon jeweils zwei Klimageräte, Kühlschränke, Mikrowellenherde, Fernsehapparate und Stereoanlagen als Beigabe für seine einzige Tochter gekauft.

Die Familie des Bräutigams denkt, dass der Vater so kurz vor der Hochzeit die Ehe nicht wird platzen lassen. Es kommt zum Handgemenge, doch alle haben sie die Rechnung ohne Nisha gemacht. Als sie ihren gedemütigten Vater sieht, greift sie zum Handy und wählt den Polizeinotruf. Die herbeigeeilten Beamten wollten zunächst nicht eingreifen, obwohl die bis heute verbreitete Mitgiftforderung in Indien schon seit 1961 verboten ist. Doch Nisha bleibt stur, und schließlich nehmen die Polizisten ihren (Ex-)Bräutigam fest. Ihm drohen sechs Monate Haft. Seine Familie, die Nisha noch Krankheiten und eine Affäre andichten will, taucht unter.

»Wollten sie Geld heiraten oder mich?«, fragt Nisha Sharma empört. Sie habe ihren Schritt keine Minute bereut. Jedes andere Verhalten »wäre ein schrecklicher Fehler gewesen«. Weil gerade ein Fernsehteam in der Nähe ist, wird ihr Fall in ganz Indien bekannt und Nisha zur modernen Heldin im Kampf gegen einen überkommenen Brauch. Bereitwillig gibt sie Interviews. Schon bieten ihr politische Parteien eine Kandidatur an. Per E-Mail, SMS oder Brief bekommt sie zahlreiche Heiratsanträge beeindruckter Männer.

Dabei steht auch Nisha zwischen Tradition und Moderne. Dass ihr Vater die Ehe arrangiert hat, stellt sie nicht in Frage. Jetzt will sie zwar erst einmal ihr Studium beenden, aber später wird ihr Vater für sie eine neue Ehe arrangieren, das ist ihr selbstverständlich. Dieses Mal hatte er den Bräutigam wie in vielen Mittelschichtfamilien üblich durch eine Anzeige in einer englischsprachigen Tageszeitung gefunden.

Nisha ist nicht prinzipiell gegen eine Mitgift. Was sie erzürnte, war die Maßlosigkeit der Forderungen und das Verhalten des Bräutigams, der sogar noch die Marken der verlangten Produkte festlegte. Das verletzte ihren Stolz und den ihrer Familie.

Die Mitgiftpraxis führt in Indien immer wieder zu Morden und Selbstmorden. Nach einer Scheidung müsste die Mitgift zurückgezahlt werden. Stattdessen werden immer wieder die Frauen in den Selbstmord getrieben oder umgebracht, Letzteres meist als Haushaltsunfall getarnt. Der Ehemann und seine Familie können dann die Mitgift behalten und bekommen bei einer neuen Ehe eine weitere. Die Zahl der Mitgiftmorde in Indien liegt offiziell bei 7000 im Jahr, die wirkliche Zahl wird auf bis zu 25000 geschätzt. In diesen Zusammenhang gehört auch die selektive Abtreibung weiblicher Föten. In Indien kommen trotz des Verbots pränataler Geschlechtsbestimmung auf 1000 männliche Geburten nur 933 weibliche. Denn eine Tochter kann zum finanziellen Ruin der Familie führen, ein Sohn dagegen zu Reichtum. Es ist Nisha Sharmas Verdienst, dieses Problem wieder in die Debatte gebracht zu haben.

Sven Hansen

Erstmals erschienen in *die tageszeitung (taz)* vom 20. Mai 2003

Chronik 1: **1498–1746**

Der Mogulkaiser Babur bei der Nashornjagd in der Nähe von Peshawar. Illustration in einer Ausgabe der *Memoiren von Babur* (»Baburnama«).
BILD: NATIONALMUSEUM, DELHI

Mogulreich und rivalisierende Kolonialmächte

1498 Der Portugiese Vasco da Gama erreicht erstmals auf dem Seeweg Indien.

1503 Portugiesen errichten in Cochin (heute Kerala) erste europäische Festung in Indien.

1509 Portugiesische Schiffe vernichten ägyptisch-arabisch-indische Flotte vor Diu (heute Gujarat) und erlangen Kontrolle über westlichen Indischen Ozean, 1510 besetzen Portugiesen Goa, das Hauptstadt Portugiesisch-Indiens wird, 1535 besetzen sie Diu.

1526–30 Fürst Zahir Ud-Din Muhammad, genannt Babur, erobert aus Zentralasien kommend das Delhi-Sultanat (seit 1206) der paschtunischen Lodhi-Dynastie (seit 1451) sowie Agra und gründet das Mogulreich.

1540 Baburs Sohn Humayun verliert Großteil des Mogulreiches an den paschtunischen Herrscher Sher Khan. Der reformiert Verwaltung, Militär, Infrastruktur und Sozialwesen.

1556–1605 Humayuns ältester Sohn Akbar erobert die von seinem Vater verlorenen Gebiete zurück, dehnt das Reich aus und konsolidiert es durch Reformen, vor allem durch religiöse Toleranz gegenüber der hinduistischen Mehrheit. Das Mogulreich steigt zur unangefochtenen Vormacht in Südasien auf.

1600 Ein Freibrief der britischen Königin Elisabeth I. gibt der East India Company ein Monopol für fünfzehn Jahre auf den Handel mit Indien.

1608 Die East India Company errichtet ihren ersten indischen Handelsstützpunkt in Surat (Gujarat).

1612 Vor Diu besiegt eine Flotte der East India Company die Portugiesen und macht ihnen die Vorherrschaft über den westlichen Indischen Ozean streitig. In Indien beginnt Portugals Abstieg und der britische Aufstieg.

1617 East India Company erhält von Mogulkaiser Jahangir Handelsvollmachten.

1627–58 Kulturelle Blüte während der Regierungszeit von Shah Jahan, der das Taj Mahal in Agra sowie die Jama-Moschee und das Rote Fort in Delhi bauen lässt.

1658–1707 Unter Aurangzeb, der sich gegen seine Brüder durchsetzte, erreicht das Mogulreich die größte Ausdehnung, doch beginnt wegen Überdehnung bereits der Niedergang. Aurangzebs Politik fördert Spannungen zwischen Muslimen und Hindus. Die hinduistischen Marathen unter Shivaji und seinem Sohn Sambhaji fordern das Mogulreich heraus.

1661 Der britische König Charles II. erhält Bombay von den dort seit 1534 herrschenden Portugiesen als Mitgift und verpachtet es 1668 an die East India Company.

1663 Niederländer erobern das portugiesische Cochin.

1668 Gründung der Compagnie Française des Indes Orientales, die 1683 das südindische Pondicherry erwirbt.

1690 East India Company gründet Niederlassung in Kalkutta.

1739 Der Herrscher von Persien, Nadir Schah, marschiert in Delhi ein.

1742 Die hinduistischen Marathen erobern Bengalen.

1746 Franzosen erobern das südindische Madras von den Briten, das sie 1748 im Frieden von Aachen zur Beendigung des Österreichischen Erbfolgekrieges wieder an Großbritannien abtreten müssen.

Digital gegen Biopiraterie

Vinod Kumar Gupta ist sicher, mit seiner »Digitalen Sammlung Traditionellen Wissens« (Traditional Knowledge Digital Library – TKDL) eine Patentlösung gegen Biopiraterie gefunden zu haben. In diesem einzigartigen Projekt haben 200 indische Experten zehn Jahre lang das Wissen über traditionelle indische Medizin und Heilmethoden wie Ayurveda, Unani, Siddha und Yoga zusammengetragen, das aus alten Texten auf Hindi, Sanskrit, Tamil, Persisch und Urdu überliefert ist. Herausgekommen sind 200 000 Formeln, die kategorisiert, elektronisch erfasst und ins Englische, Spanische, Französische, Deutsche und Japanische übersetzt wurden. Ziel des Projektes ist es, zu verhindern, dass traditionelles indisches Wissen im Ausland patentiert wird.

Bisher hatten westliche Patentämter zu Indiens traditionellem Wissen keinen Zugang und recherchierten bei Patentanträgen nur, was ihnen in den einschlägigen – zumeist englischsprachigen – Fachzeitschriften vorlag. »Die Datenbank erleichtert die Neuheitsrecherche und erhöht damit die Rechtssicherheit von Patenten«, erklärte der Sprecher des Europäischen Patentamtes, als es im Februar 2009 den Zugang zur TKDL erhielt.

Vorher musste Indien in langjährigen und Millionen Dollar verschlingenden Gerichtsprozessen in Industrieländern nachweisen, dass Patente dort zu Unrecht

Geschützte Patente

vergeben worden waren. Die angeblichen Erfindungen waren weder neu, noch beruhten sie auf Leistungen der Patentinhaber, sondern auf der illegalen Aneignung indischen Wissens.

In den 1990er-Jahren hatte die Patentierung von Produkten des indischstämmigen Neem-Baumes, von Basmatireis sowie Gelbwurz (Kurkuma) durch Amerikaner und Europäer in Indien für Empörung gesorgt. »Was Indien betrifft, haben wir das Problem der Biopiraterie zu 100 Prozent gelöst«, behauptet jetzt TKDL-Chef Gupta. »Wenn multinationale Konzerne in Zukunft unser Wissen nutzen wollen, müssen sie den Vordereingang benutzen und dafür bezahlen.«

Die Ökofeministin Vandana Shiva, Indiens Vorkämpferin gegen Biopiraterie, teilt Guptas Optimismus nicht. Das in der TKDL gesammelte Wissen beschränke sich nur auf den medizinischen Bereich und berücksichtige weder Landwirtschaft noch Ernährung, so ihre Kritik. Und anders als die westlichen Patentämter habe die indische Öffentlichkeit keinen Zugang zu der Datenbank: »Es sollte doch zuerst unser öffentliches Wissen sein. Die beste Abwehr gegen Biopiraterie ist, das Wissen zu benutzen und es weit zu streuen. Je mehr es in der Öffentlichkeit als lebendige Tradition gesehen wird, desto dümmlicher wirkt doch jeder Versuch, es kapern zu wollen.«

Shiva fürchtet, Informationen der Datenbank könnten im Ausland als Werbung für traditionelle Ressourcen verstanden werden und zusätzliche Begehrlichkeiten wecken. Sie beklagt, Indiens Regierung habe nicht den Mut, den USA klarzumachen, dass Biopiraterie inakzeptabel ist und dass Washington seine Gesetze ändern müsse. Auch monopolisiere Indiens Regierung mit TKDL das traditionelle Wissen, ohne die indigenen Gemeinschaften daran zu beteiligen. Shiva fordert für diese ein Vetorecht.

Gupta verweist darauf, dass seit der Existenz von TKDL bereits mehrere westliche Patente wieder aufgehoben werden konnten und die Neuanträge für Patente mit indischen Wissensbestandteilen um 44 Prozent zurückgegangen seien. Auch interessierten sich Südafrika, Thailand und Malaysia für TKDL und strebten vergleichbare Systeme an.

Sven Hansen

अध्याय 2

(*Deutsch:* Kapitel; *Transliteration:* adhyay)

(2)

२

दो

(*Deutsch:* zwei; *Transliteration:* do)

Wirtschaft und Umwelt

Die verdeckte Finanzkrise

Indien ist weniger von der globalen Krise betroffen als die Industrieländer, doch leidet es unter der Exportabhängigkeit seines Dienstleistungssektors und hohen Nahrungsmittelpreisen

Von Jayati Ghosh Professorin für Wirtschaftswissenschaften an der Jawaharlal-Nehru-Universität in Delhi.

Zu Beginn der Weltfinanzkrise herrschte die Ansicht vor, Indien werde schon deshalb nicht sehr stark in Mitleidenschaft gezogen, weil es nicht so stark in die Weltwirtschaft integriert sei und über einen stabilen Binnenmarkt verfüge. Diese Ansicht hat sich als falsch erwiesen. Zwar ist das indische Bruttoinlandsprodukt (BIP) nicht geschrumpft, sondern nur langsamer gewachsen – vom Spitzenwert 9,2 Prozent im Jahr 2007 fiel das BIP-Wachstum nach Regierungsangaben um ein Fünftel auf 7,4 Prozent im Jahr 2009 zurück; der Tiefpunkt soll Ende 2009 erreicht gewesen sein. Die Beschäftigung aber, besonders in der Exportindustrie, nahm ab. Die Ausfuhren fielen allein 2009 um 20 Prozent, und in einer Gruppe von Branchen schrumpfte die Zahl der offiziellen Stellen zusammengenommen um mehr als 620 000, auch wenn diese Verluste inzwischen wieder kompensiert sind. Ferner gibt es einen starken Kaufkraftverlust: Während einer Umfrage zufolge die Einkommen in der Industrie um durchschnittlich 6,6 Prozent stiegen und in anderen Wirtschaftsbereichen sogar eher sanken, verdoppelte sich die Inflationsrate innerhalb eines Jahres auf 10 Prozent im Februar 2010. Und der Anstieg der Lebensmittelpreise ist mit 18 Prozent noch höher.

Der indische Wirtschaftsboom, der dem jüngsten Abschwung vorausging, profitierte in dreifacher Hinsicht von einer stärkeren Integration des Landes in die Weltwirtschaft. Er beruhte erstens auf steigenden Dienstleistungsexporten, vor allem von Software. Er war zweitens stark von Kapitalzuflüssen abhängig, besonders von kurzfristigen wie Aktienkäufen aus dem Ausland. Drittens dienten diese Kapitalimporte als entscheidende Stütze für einen großenteils kreditfinanzierten Binnenkonsum und einen Investmentboom. Dies hat dafür gesorgt, dass das Wachstum weitgehend ungleich verlief und für binnen- wie außenwirtschaftlich verursachte Krisen anfällig blieb. Der Boom hing vor allem mit den Deregulierungen im Finanzsektor zusammen, die das Geschäft mit Konsumentenkrediten belebt und – gekoppelt mit steuerlichen Entlastungen für die Reichen – den Konsum des einkommensstärksten Fünftels der indischen Gesellschaft angekurbelt haben. Dadurch wurde der Anstieg des Bruttoinlandsprodukts beschleunigt, obwohl die konsumtiven Ausgaben der meisten Inderinnen und Inder auf niedrigem Niveau verharrten. Zugleich sank die Lohnquote (der Anteil der Löhne am Nationaleinkommen), während das Einkommen aus Gewinnen erheblich stieg. Dies und die ständige Expansion des Finanzsektors (der zusammen mit dem Immobiliensektor 2007 und 2008 fast 15 Prozent des BIPs ausmachte) sowie der unaufhörliche Anstieg von Vermögenswerten wie Häuser, Betriebe oder Kapitalanlagen waren die Hauptgründe für einen demonstrativen – wenn auch kreditfinanzierten – Konsum von Luxusgütern, den sich die Reichen und die Mittelklassen vor allem in den Städten leisteten. Diese Nachfrage wiederum führte zu höheren Investitionen und einem weiteren Produktionsschub.

Der Boom hing vor allem mit den Deregulierungen im Finanzsektor zusammen

Insgesamt bedeutete dies die Ablösung des alten indischen Entwicklungsmodells, in dem staatliche Ausgaben die wichtigsten Wachstumsimpulse setzten. Schon im Lauf der 1990er-Jahre übernahmen die Eliten und die wachsende Mittelklasse mit ihrem privaten Konsum die Rolle des Konjunkturmotors. Doch obwohl das BIP rasch anstieg, blieb die Landwirtschaft tief in der Krise stecken. Neue Arbeitsplätze entstanden zumeist nur in Form prekärer Jobs oder unterbezahlter Subunternehmerschaft. Einen solchen auf spekulativer Blasenbildung beruhenden Expansionskurs haben in den letzten 15 Jahren auch andere Entwicklungs- und Schwellenländern erlebt.

In der Realwirtschaft machte sich die Krise durch den schnellen Rückgang der Exporte von Gütern und Dienstleistungen bemerkbar. Diese hatten erheblichen Anteil am vorangegangenen Boom. Dass Indien verletzlicher war als China, hatte einen besonderen Grund: China verdankt seine Handelsüberschüsse vor allem den Waren-

»Schulden sind wie Feuer, wenn sie nicht rechtzeitig gelöscht werden, können sie alles zerstören« Warnung der Central Bank of India.
BILD: LINDA DE VOLDER

exporten, während Indien vor allem Dienstleistungen exportiert und insgesamt ein Handelsbilanzdefizit aufweist. Beim Export von Waren beschränken sich die indischen Erfolge auf wenige Branchen wie die Textil-, Chemie- und Pharmaindustrie sowie auf Metalle und Metallprodukte. Die Exporte der ersten drei Branchen lebten stark von der dynamischen globalen Nachfrage, die Metallindustrie dagegen war größtenteils vom Bedarf der Chinesen abhängig.

Bei den Dienstleistungen wurde Indien bereits 2005 zum weltweit führenden Exporteur von Software und IT-Services, und 2007 kam bereits über ein Drittel aller Computer-Dienstleistungen aus Indien. Dazu gehören Programmentwicklungen, aber auch Datenerfassung und der Betrieb von Callcentern. Doch den stürmischen Aufschwung dieses Sektors mit einem Wachstum von mehr als 20 Prozent pro Jahr über mehr als eine Dekade hinweg hat die Krise jäh beendet: Für 2010 werden nur noch 5,5 Prozent erwartet. Die etwa 50 Milliarden US-Dollar Exportvolumen dieses Sektors stellen ein Drittel der indischen Exporte dar. Die Erfolge der Branche kompensieren also teilweise die Tatsache, dass die fortschreitende Liberalisierung des Welthandels keineswegs zu einem Boom der indischen Warenexporte geführt hat.

Diese Abhängigkeit von einem auf dem Export von Dienstleistungen beruhenden Wachstum macht Indien auch gegenüber anderen Regionen anfälliger. Denn die Exporte gehen schwerpunktmäßig in einige wenige Industrieländer: Knapp zwei Drittel der indischen Dienstleistungsexporte im IT-Bereich gehen in die USA, ein Fünftel nach Großbritannien. Diese Abhängigkeit wird durch einen weiteren Faktor verstärkt: Die Rücküberweisungen indischer Bürger aus dem Ausland stammen seit Mitte der 1990er-Jahre immer öfter aus den USA. Das erklärt sich aus der wachsenden Zahl von Kurzzeitmigranten, die mit Sondervisa in die USA reisen, um dort Software und andere IT-Dienstleistungen anzubieten. Auch diese Geldzuflüsse stellen so etwas wie Einkommen aus dem Handel mit Dienstleistungen dar und stammen größtenteils aus den USA und anderen Industrieländern. Ihr Volumen belief sich 2009 auf mehr als 50 Milliarden US-Dollar.

Der indische Arbeitsmarkt wurde nicht nur 2008/09 durch Jobverluste im Exportsektor getroffen, sondern ist auch 2010 aufgrund der hohen Inflation und durch das sinkende Realeinkommen der Beschäftigten im industriellen wie im Dienstleistungssektor gekennzeichnet. Ebenso mussten die selbständigen Handwerker und Freiberufler, die mehr als die Hälfte der Beschäftigten ausmachen, Einkommenseinbußen hinnehmen. Verschlechtert hat sich auch die Lage in der Landwirtschaft. Die sinkenden Erlöse durch den drastischen Preisverfall bei den Exportprodukten haben die finanzielle Lage der Bauern verschärft, die ohnehin schon mit steigenden Kosten und einer hohen Kreditlast zu kämpfen hatten.

In der gesamten indischen Wirtschaft erhöhte sich der Druck auf die kleinen Produzenten auch wegen des Kapitalmangels: Weder offizielle noch informelle Kredite waren noch zu haben. Da ein Großteil der Beschäftigten im industriellen wie im Dienstleistungsbereich in Kleinbetrieben arbeitet, schlug die Krise in diesem Bereich unmittelbar auf die Arbeitslosenzahlen durch.

Erhebliche Auswirkungen hatte die Krise auch auf die allgemeinen Lebenshaltungskosten und insbesondere auf die Versorgung mit Lebensmitteln. Eines der größten Probleme der letzten Jahre war die Verteuerung der Grundnahrungsmittel. Die resultierte vor allem aus dem starken Anstieg der Weltmarktpreise, speziell zwischen Anfang 2007 und Mitte 2008. Aber auch als das internationale Preisniveau wieder absank, gingen die inländischen Lebensmittelpreise weiter in die Höhe. So stiegen 2009 die Preise für Nahrungsmittel weiter, während die Inflationsrate für die anderen Konsumgüter zeitweilig fast bei null lag. Seitdem hat die Arbeitslosigkeit weiter zugenommen, während die Lohneinkommen stagnieren oder weiter zurückgehen. Die Bauern, die für den Weltmarkt produzieren, erzielen wegen der jetzt wieder gefallenen Preise geringere Erlöse. Das alles vermindert die familiären Budgets für Lebensmittelkäufe, ein Problem, das für Indien schon immer zentrale Bedeutung hatte, speziell auf dem Lande.

Fortsetzung auf Seite 45

Milchmädchen und Großkonzerne

Dorf im Bezirk Banda, einer armen Region im Bundesstaat Uttar Pradesh.
BILD: AKSHAY MAHAJAN

Zur Sicherung seiner Ernährung ist Indien auf Millionen Kleinbauern angewiesen. Bei internationalen Handelsabkommen darf es sich nicht dem Druck westlicher Konzerne beugen

Von Shefali Sharma*

*Shefali Sharma arbeitet von Delhi aus für das Third World Network und befasst sich seit 1996 mit internationaler Handels- und Entwicklungspolitik. Von 2000 bis 2003 leitete sie das Trade Information Project des Instituts für Landwirtschaft und Handelspolitik (IATP) in Genf.

Indien gehört wie China und Brasilien zu den am schnellsten expandierenden Volkswirtschaften der Welt. Seit 1997 wächst die indische Wirtschaft um durchschnittlich mehr als 7 Prozent jährlich. Zunehmend erkennen auch die Industrieländer den Einfluss Indiens etwa in der Welthandelsorganisation WTO an. Besonders die USA und die EU drängen die Regierung in Delhi, durch Grundsatzvereinbarungen bei den WTO-Handelsgesprächen der Doha-Runde sowie durch Freihandelsabkommen den Zutritt zum großen indischen Markt zu erleichtern. Dadurch soll, wie es in der »Trade Agenda« der USA von 2010 heißt, »das Welthandelssystem in Übereinstimmung mit den globalen wirtschaftlichen Realitäten funktionieren«.

Als im Juli 2008 die Doha-Handelsgespräche platzten, stellten die Medien Indien als einen der Hauptblockierer dar. In der Tat hatte Indien einen besonderen Schutzmechanismus verlangt, der es Entwicklungsländern erlaubt hätte, ihre Einfuhrzölle auf Agrargüter über das bereits vereinbarte Maß hinaus zu erhöhen, falls subventionierte Nahrungsmittelimporte aus den Industrieländern die örtlichen Produzenten verdrängen und die Ernährungssicherheit des Landes gefährden. Indien und die anderen 46 Länder, die in der WTO als G-33 auftreten, produzieren ihre Agrargüter vor allem für die eigenen Binnenmärkte.

In den Wochen nach jenem Juli 2008 sickerte allmählich durch, dass Indien durchaus kompromissbereit gewesen war, aber die US-Handelsbeauftragte Susan Schwab die Gespräche hatte platzen lassen. Vor allem waren die USA nicht bereit, die Subventionen für ihre Baumwollfarmer zu verringern, um mehr Baumwollimporte aus den ärmsten Ländern der Welt zuzulassen. Den Lobbygruppen aus den USA gingen die Angebote aus den anderen Ländern einfach nicht weit genug. Bis heute scheitert die Doha-Runde daran, dass Indien, China und Brasilien ihre Märkte nicht so weit öffnen wollen, wie es die großen US-Unternehmen wünschen.

Mit ihrer Handelsstrategie »Global Europe« von 2006 will die EU-Kommission die international operierenden europäischen Konzerne wettbewerbsfähig halten, wie es offiziell heißt. Indien als sechstgrößter Binnenmarkt der Welt sei daher für die EU von enormem Interesse. In den bereits begonnenen Freihandelsgesprächen soll das Land als gleichwertiger Partner behandelt werden, obwohl seine Wirtschaftsleistung nur 6,5 Prozent der Leistung der EU beträgt und das Durchschnittseinkommen pro Kopf nach Kaufkraft nur bei 20 Prozent des EU-Wertes liegt. Anfang März 2010 kündigte EU-Handelskommissar Karel de Gucht gar ein Abkommen bis Oktober an. »Den Unterhändlern«, sagte er, »stehen einige arbeitsreiche Wochen und Monate bevor.«

Die EU wünscht sich von Indien den Wegfall der Einfuhrzölle auf 90 Prozent der Produkte aus Landwirtschaft, Fischfang und Industrie. Bei weiteren fünf Prozent sollten die Zölle deutlich gesenkt werden. Derzeit verhindern noch hohe Importabgaben den Zutritt der Europäer zum indischen Markt für Agrargüter – während an den Außengrenzen der EU für importierte Agrarprodukte durchschnittlich 16 Prozent fällig werden, ist es für Einfuhren nach Indien mit 32,2 Prozent das Doppelte. Industriegüter werden in Indien mit einer Importabgabe von 10 Prozent belastet, während die EU nur 4 Prozent verhängt. Ergebnis: Wenn die Sätze auf gleiche Höhe gebracht werden, verliert die indische Seite viel mehr als die europäische. Die Inder können höchstens profitieren, wenn die EU ihre vielen, oft als protektionistisch empfundenen Gesundheits-, Umwelt-, Verpackungs- und Kennzeichnungsvorschriften lockert. Schon ohne Freihandelsabkommen hat Indien ein Handelsdefizit mit der EU. Kommt das Abkommen, wird Indiens Minus noch steigen.

Die EU verlangt Zollsenkungen auf null Prozent bei ganzen Gruppen von Industriegütern, etwa chemischen Produkten, an deren Export sie besonders interessiert ist. Indiens chemische Industrie ist regional, nach Produkten und Verarbeitungsstufen stark zersplittert. Die kleinen und mittleren Unternehmen hätten gegen monopolistisch agierende europäische Konzerne wie Bayer, Syngenta oder BASF, die zusammen 49 Prozent des Weltmarktes für Agrarchemie kontrollieren, keine Chance. Auch wenn Indiens Chemieunternehmen schnell wachsen, würden weitreichende Änderungen des Zollregimes, beim geistigen Eigentum sowie bei den Investitions- und Wettbewerbsbestimmungen – allesamt Bestandteile des Freihandelsabkommens – sie stark bedrohen.

Der Verlust qualifizierter Arbeitsplätze, wenn sich die EU-Konzerne in der indischen Wirtschaft breit machen, führt zu mehr prekärer Beschäftigung und Pleiten von Unternehmen, die nicht wettbewerbsfähig sind, wenn sie zu »gleichwertigen Partnern« erklärt werden. Bei Importen entfällt auch die Möglichkeit, ungelernte Beschäftigte nach und nach zu Facharbeitern zu machen, was für den indischen Arbeitsmarkt enorme Bedeutung hat. Sinken die Einfuhrzölle, muss durch den Wegfall dieser Staatseinnahmen bei den Sozialetats gespart werden – wenn nicht, werden die Verbrauchs- und Einkommensteuern erhöht. Dem indischen Haushalt entgingen durch Ausnahmeregelungen laut dem Internationalen Währungsfonds (IWF) im Finanzjahr 2006/07 bereits Steuern im Volumen von 5,7 Prozent des Bruttoinlandsprodukts, rund die Hälfte der Steuersumme. Der IWF schätzt, dass weitere Steuererleichterungen in Wirtschaftssonderzonen die Einnahmeausfälle noch um bis zu 1,5 Prozentpunkte steigen lassen würden.[1] Das würde zu höheren Steuern in anderen Bereichen führen.

Aber das ist nur die Spitze des Eisbergs. Die EU-Forderungen zum Schutz geistigen Eigentums gefährden die Fähigkeit der indischen Bauern, die für die Wettbewerbsfähigkeit auf dem eigenen Markt benötigten Saaten und Vorprodukte einzusetzen. Bedroht wäre auch die indische Pharmaindustrie, die viele Generika zu bedeutend niedrigeren Preisen anbietet. Die EU-Konzerne könnten dagegen Land und Bodenschätze kaufen und ihr Kapital nach Belieben außer Landes schaffen. Und die verlangten Öffnungen im Bankensektor würden auch in Indien die riskanten Finanzprodukte hervorrufen, die zur jüngsten Weltwirtschaftskrise geführt haben, von deren schärfsten Folgen Indien bislang verschont blieb. Allein die indische IT-Industrie ist auf dem Weltmarkt uneingeschränkt wettbewerbsfähig – aber sie beschäftigt nur 1 Prozent der Arbeitskräfte.

Bei einer Bevölkerung von knapp 1,2 Milliarden Menschen leben 70 Prozent der indischen Haushalte in Armut. Von den 467 Millionen Erwerbsfähigen sind nur 42 Prozent dauerhaft beschäftigt. Insgesamt arbeiten 92 Prozent der Erwerbsfähigen im informellen Sektor mit seinen unsicheren Arbeitsverhältnissen. Nur 68 Prozent der Menschen in Indien können lesen und schreiben, auf dem Land sogar nur 55 Prozent. Noch mehr Analphabeten gibt es bei den Frauen, die zugleich schlechter bezahlt werden. 47 Prozent der Kinder unter fünf Jahre sind laut dem Kinderhilfswerk Unicef untergewichtig. Arbeit und Nahrung für viele ist deswegen die Hauptaufgabe der indischen Politik. Regierungsplänen zufolge müssen innerhalb der nächsten zehn Jahre 200 Millionen neue Arbeitsplätze geschaffen werden.

Derzeit verhandelt Indien mehr als fünfzehn Wirtschaftsverträge mit Ländern wie Japan, Neuseeland und Israel und Ländergruppen wie Asean (Südostasien) und Efta (in Europa). Eine Wirtschafts- und Finanzpartnerschaft mit den USA soll in ein Freihandelsabkommen münden. Jede dieser Vereinbarungen schränkt Indiens Möglichkeiten ein, die Sektoren Landwirtschaft, Industrie und Dienstleistungen langfristig nach eigenen Bedürfnissen zu entwickeln, wenn sich die internationalen Konzerne frei im Land bewegen können.[2] Zudem werden die Proteste gegen die ausländische Präsenz zunehmen. Schon jetzt wehren sich Fischer sowie Gewürz-, Gummi- und Kaffeebauern gegen ein Freihandelsabkommen mit den Asean-Staaten, von dem vor allem ihre südostasiatische Konkurrenz profitiert.

Die Landwirtschaft beschäftigt 55 Prozent der Arbeitskräfte, trägt aber nur knapp 20 Prozent zur indischen Wirtschaftsleistung bei. Auf die Industriegüterproduktion einschließlich Bau entfallen 27 Prozent, auf Dienstleistungen 53 Prozent. Je geringer die Verdienste in der Landwirtschaft werden, umso höher wird dort der Anteil der Frauen, weil die Männer in den Städten nach Arbeit suchen. Die Beschäftigung in der Industrie ist aber insgesamt nicht gestiegen, weil sie kapitalintensiver und damit produktiver wird.

1982 waren 56 Prozent der indischen Bauernhöfe weniger als ein Hektar groß, 2003 bereits 70 Prozent. Das staatliche An- und Verkaufssystem für Getreide zielt darauf ab, ein verlässliches Minimaleinkommen für die

1 IMF, India: *2007 Article IV Consultation.* IMF Country Report No. 08/51, Washington D.C. Februar 2008.
2 C.P. Chandrasekhar, *Financial Liberalization and the New Dynamics of Growth in India,* TWN Global Economy Series 13, Penang.

Produzenten einerseits und Schutz vor Hunger für die Konsumenten andererseits zu garantieren. Auch wenn es interne Schwächen hat, ist der Wert dieses System unzweifelhaft – doch die EU gefährdet es, weil sie die Import- und Exportbeschränkungen aufheben will. Um die Ernährung vieler hundert Millionen Menschen zu garantieren, muss die Regierung zunächst die ländliche Wirtschaft stärken, bevor sie mit den Agrarkonzernen der EU »von gleich zu gleich« auftreten kann.

Indien hat viele Milchprodukte auf seine Negativliste gesetzt. Darin sind die Produkte zusammengefasst, deren Zölle auf Einfuhren aus der EU beibehalten werden sollen. Nach dem Stand von 2008 gehörten die meisten der 20 Gruppen von Milchprodukten dazu. Aber die EU und Indien werden die Zahl auf dem Weg zum Abschluss eines Freihandelsabkommen noch senken. Die EU wird besonders bei Milchprodukten mit einer höheren Wertschöpfung darauf drängen, dass sie von der Liste gestrichen werden.

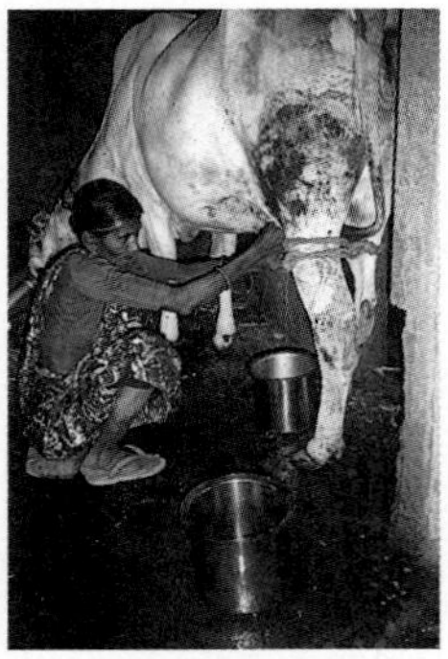

Die 50-jährige Vedayaben Patel beim Melken ihrer Kuh im Dorf Jaur bei Anand (Gujarat), der Wiege der indischen Milchgenossenschaftsbewegung und ihres Meiereiwesens. Patel hat zwei Kühe und eine Büffelkuh, die täglich zusammen sechs Liter Milch geben. Damit ist die Frau eines Landarbeiters eine typische indische Milchbäuerin. Mit Stallreinigen, Füttern, Melken und Abliefern der Milch in der Genossenschaft ist sie täglich zwei Stunden beschäftigt. Die Nebeneinkünfte aus der Milchwirtschaft ermöglichen es ihrer Familie, die jüngste Tochter aufs College zu schicken. Im Dorf Jaur sind 300 der 2 000 Bewohner Mitglied in der örtlichen Milchgenossenschaft.
BILD: SVEN HANSEN

Dabei ist ausgerechnet der indische ländliche Milchsektor eine Erfolgsgeschichte. Ein Regierungsprogramm, die »Operation Flood«, förderte Produktion und Marketing und ermunterte die ländlichen Kleinproduzenten, vor allem Frauen, sich zusammenzuschließen. Der »National Dairy Development Board« betreut jetzt mehr als 117 000 dörfliche Produktionsgenossenschaften, die 185 Meiereien beliefern. So werden täglich 21,5 Millionen Liter Milch von 12,4 Millionen Bäuerinnen und Bauern abgeliefert, also in teilweise winzigen Mengen. Wenn aber der Sektor für die Konkurrenz aus Europa freigegeben wird, hat eine solche Struktur keine Zukunft.

Zumal die EU bei der Milch ein intensives Preisdumping betreibt, das Überproduktion hervorruft, große Hersteller begünstigt und Konzerne wie Danone und Nestlé hat erstarken lassen, die jetzt auf den indischen Markt drängen. Allein im Entwurf für das Haushaltsjahr 2010 sieht die EU-Kommission 449 Millionen Euro als Exportsubventionen für die Milchwirtschaft vor. Mithilfe von Freihandelsabkommen sollen die jetzt preisreduzierten Produkte im Ausland untergebracht werden.

Nach den EU-Abkommen mit Korea und Kolumbien haben sich bereits die Folgen für die Milchwirtschaft gezeigt. Die koreanische Regierung hat ein Programm von 26 Millionen US-Dollar angekündigt, um notleidende Milchbauern zu unterstützen, seit Produkte aus Europa den koreanischen Markt überfluten. In Kolumbien sind 450 000 kleine Produzenten vom Importdruck durch Milchpulver, Käse und andere verarbeitete Milchprodukte betroffen. Die Bauern protestieren seither gegen die Bedrohung ihrer Existenz, aber das Freihandelsabkommen ist bereits unterzeichnet.

Das vollständige Fehlen von Transparenz bei solchen Verhandlungen führt dazu, dass es vorab auch keine öffentlichen Debatten über die Folgen gibt – auch die allermeisten indischen Hersteller wissen nicht, welche Konkurrenz mit den wieder zunehmenden europäischen Milchseen und Butterbergen auf sie zukommt. Kannaiyan Subramaniam, ein Vertreter des »South Indian Coordination Committee of Farmers Movements«, meint: »Milchprodukte zu einem Preis zu importieren, der unter dem Verkaufspreis in ihrem Heimatland liegt, widerspricht den Interessen der kleinen und mittelgroßen indischen Bauern. Die meisten von ihnen sind Frauen, die ein oder zwei Kühe oder Büffel besitzen. Die Regierung trifft Entscheidungen über Importe, die nachhaltig die Landwirte daran hindern, das Land zu ernähren und ein menschenwürdiges Leben zu führen. Stellen Sie sich vor, wenn wir einmal unsere Importzölle senken und Milchprodukte oder den Zucker aus der EU ins Land lassen – welche Hoffnung haben unsere Bauern dann noch?«

Der Markt, den die EU, die USA und andere in Indien sehen, besteht aus den 250 bis 300 Millionen Angehörigen der Mittelschicht, die sich die veredelten Nahrungsmittel aus dem Ausland leisten können. Das Europäische Parlament besteht darauf, dass Arbeits- und Umweltklauseln in das Freihandelsabkommen eingefügt werden, um eine ihrer Meinung nach »nachhaltige Entwicklung« zu gewährleisten. Weniger hat es sich bisher darum gekümmert, was die EU mit Indien langfristig vorhat und in welchem Ausmaß dies zur Vernichtung sicherer Arbeitsplätze führt.

Indien ist das einzige große, schnell wachsende Entwicklungsland, das ein Handelsbilanzdefizit aufweist – es importiert mehr als es exportiert, auch wenn die Wirtschaftskrise in der allerjüngsten Zeit das Problem etwas vermindert hat, weil die Einfuhren noch stärker zurückgegangen sind als die Ausfuhren. Insgesamt konnte Indien das Handelsdefizit durch Kapitalimporte finanzieren, den Zustrom ausländischer Gelder, die in Wertpapiere an den indischen Börsen, aber auch in reale Investitionen geflossen sind. Die EU gehört aber auch zu denjenigen, die von Indien jetzt eine Liberalisierung des grenzüberschreitenden Kapitalverkehrs fordern, damit Gelder schneller ins Land und vor allem aus dem Land heraus strömen können – was bei negativer Handelsbilanz sehr riskant sein kann. Zudem würde das Freihandelsabkommen mit der EU das Defizit noch weiter vergrößern.

Damit wird der Zielkonflikt zwischen den binnen- und außenwirtschaftlichen Schwerpunkten der Wirtschaftspolitik deutlich. Indien muss beim derzeitigen Stand seiner ökonomischen Entwicklung seine Binnenwirtschaft auf sichere Füße stellen, statt sich auf den ungleichgewichtigen und unfairen Freihandel einzulassen. Es ist angemessen, innerhalb der WTO eine stärkere, effektive Ernährungssicherheit durchzusetzen, besonders solange die USA und die EU ihre Agrarsektoren so stark subventionieren. Die Freihandelsabkommen der EU sollen ihren international agierenden Konzernen dienen. Ihnen und ihrer unfairen Preisgestaltung die indischen Bauern und Millionen von Kleinunternehmern der Nahrungsmittelverarbeitung auszusetzen, würde Indiens Entwicklungschancen gefährden und den Spielraum verringern, den sich das Land in der WTO verschafft hat.

Aus dem Englischen von Dietmar Bartz

Erstmals erschienen in *Le Monde diplomatique* vom April 2010.

Fortsetzung von Seite 41

Auch die Versorgung mit den wichtigsten öffentlichen Dienstleistungen hat stark gelitten, was vor allem auf die Haushaltsprobleme der einzelnen Bundesstaaten zurückzuführen ist. Die indische Verfassung hat zwar ein föderatives System geschaffen, die fiskalischen Zuständigkeiten aber sehr ungleich zwischen der Zentralregierung und den Regierungen der Einzelstaaten aufgeteilt. Die vollständige Kontrolle über die Geldpolitik und über weite Teile der Haushaltspolitik liegt bei der Zentralregierung in Delhi, doch die allermeisten öffentlichen Ausgaben, die sich unmittelbar auf den Alltag der Bürger auswirken, fallen im indischen Föderalismus für die Bundesstaaten an. Sie sind zum Beispiel für das Gesundheits- und Bildungswesen zuständig, aber auch für Investitionen in die Infrastruktur wie Straßenbau, Abwassersysteme und öffentliche Verkehrsmittel. Nachdem infolge des verlangsamten Wachstums die Steuereinnahmen der Einzelstaaten eingebrochen sind, mussten sie ihre Ausgaben zurückfahren und die öffentlichen Versorgungsleistungen einschränken.

An dieser Misere können auch die bislang beschlossenen staatlichen Programme nichts ändern. Sie sind weder quantitativ ausreichend, noch finanzieren sie Ausgaben, die eine größere Multiplikatorwirkung erwarten lassen. Und einige der wichtigsten Bereiche wurden schlicht ignoriert oder vernachlässigt: Es gab weder mehr Mittel für die einzelnen Bundesstaaten noch Direktinvestitionen in den Wohnungsbau für die ärmeren und mittleren Schichten, und auch keine Ausweitung der staatlichen Nahrungsmittelhilfen oder der Mittel für den Ausbau der öffentlichen Beschäftigung und der Sozialleistungen.

Das indische Bankwesen hat während der globalen Turbulenzen der Finanzkrise eine gewisse Stabilität demonstriert. Viele sahen den Grund dafür darin, dass man in Indien die Regulierung der Bank- und Finanzmarktaktivitäten nie aufgegeben habe. Doch gerade die Deregulierung in den 1990er-Jahren und nach der Jahrtausendwende hat die Rolle der staatlich kontrollierten Banken und Finanzinstitutionen im Kern verändert. Nachdem in den 1990er-Jahren die strengen Aufsichtsregeln für die Privatbanken gefallen waren und diese das Geschäft mit den lukrativsten Kunden zu monopolisieren vermocht hatten, sahen sich auch die öffentlichen Banken zu einem Strategiewandel gezwungen. Nur so konnten sie neue Refinanzierungsquellen zur Kreditvergabe auftun und neue Aktivitäten und Investitionsprojekte entwickeln, um ihre Erträge aus Zinsen und anderen Aktivitäten zu erhöhen. Damals stiegen die Banken bei Versicherungsunternehmen ein oder engagierten sich in sensiblen Bereichen wie den Aktien- und Immobilienmärkten.

Indien erlebte also einen relativ raschen Strukturwandel des gesamten Bankensektors, der einige problematische Folgen hatte: Die Geschäftsbanken exponierten sich auf dem Kreditmarkt weit stärker, als es ihre Kapitaldeckung eigentlich erlaubte. Wie vom Weltmarkt bekannt, sammelten sich auch in den indischen Bankportfolios immer mehr Kredite zweifelhafter Qualität an, was die Neigung der Banker verstärkte, solche Kredite in handelbare Wertpapiere umzuwandeln und damit das Risiko weiterzureichen. Das indische Finanzsystem war also

Neubau im Bankenviertel von Bangalore.
BILD: AKSHAY MAHAJAN

gegen Krisen keineswegs immun. Und dennoch trieb die Regierung in Delhi selbst nach dem Ausbruch der globalen Finanzkrise – und entgegen dem weltweiten Trend zu stärkerer Regulierung – die Deregulierung und Privatisierung der noch vorhandenen öffentlichen Finanzinstitutionen voran.

Daraus ergibt sich eine klare Schlussfolgerung: Wenn das Wirtschaftswachstum Indiens nachhaltiger ausfallen und eine gerechtere Verteilung bewirken soll, bedarf es eines wirtschaftspolitischen Paradigmenwechsels. Das künftige Wachstum muss durch höhere Lohneinkommen stimuliert werden und auf eine Diversifizierung der Exporte setzen. Vor allem aber muss dafür gesorgt werden, dass die breite Bevölkerung auch die Vorteile und nicht nur die Nachteile der ökonomischen Entwicklung abbekommt. Das erfordert insbesondere eine Erhöhung der öffentlichen Ausgaben in den vier Bereichen, die für ein solches neues Entwicklungsmodell entscheidend sind.

Der erste Bereich ist die allgemeine Infrastruktur, womit nicht nur Häfen und Flughäfen gemeint sind, sondern auch befestigte Straßen auf dem Land und ein anständiges Abwassersystem. Der zweite Bereich ist die soziale Infrastruktur, also ein qualitativ hochwertiges Schul- und Ausbildungswesen für alle und ein garantierter Zugang zu Gesundheitsdiensten. Drittens geht es um die Sicherung der Grundbedürfnisse, also vor allem um die Versorgung mit Nahrungsmitteln, die in den letzten Jahren zum Hauptproblem für einen großen Teil der Bevölkerung geworden ist. Der vierte und ganz entscheidende Bereich ist die Beschäftigung: Hier muss die Wirtschaftspolitik vor allem dafür sorgen, dass »richtige«, also produktive und permanente Arbeitsplätze entstehen – statt ständig gefährdeter und schlecht bezahlter Gelegenheitsjobs.

Aus dem Englischen von Niels Kadritzke

Erstmals erschienen in *Le Monde diplomatique* vom April 2010.

Hoffnungsträger Gen-Aubergine

Forschung, Agrobusiness und Politik versprechen die zweite Grüne Revolution

Von Mira Kamdar*

*Mira Kamdar forscht am World Policy Institute und pendelt zwischen New York, Paris und Delhi.
Zuletzt erschien von ihr *Planet India: The Turbulent Rise of the Worlds Largest Democracy and the Future of our World,* New York (Scribner) 2008.

Alles schien bereit für eine Weltpremiere: Indien hatte vor, die Vermarktung einer genetisch veränderten Aubergine zu verkünden. Am 16. Oktober 2009 hatte die zuständige Behörde, das Genetic Engineering Approval Committee (GEAC), grünes Licht gegeben. Doch im Februar 2010 entschied Umweltminister Jairam Ramesh entgegen allen Erwartungen, die Erlaubnis für Anbau und Verkauf der Aubergine vorerst auszusetzen. Das wirft die Frage auf, ob Indien, das im großen Maßstab genveränderte Baumwolle produziert, derartige Manipulationen bei Lebensmitteln ablehnt. Die Antwort lautet: Eher nicht.

Allerdings ist das Moratorium ein Sieg für die indische Zivilgesellschaft. Die Kampagne gegen die Gen-Aubergine erinnerte zuweilen an Gandhis Widerstand gegen das imperiale England. Denn Gandhis Kampf lag ja die Leitidee des »swadeshi«, der nationalen wirtschaftlichen Unabhängigkeit, zugrunde. Die Einführung der genetisch veränderten Aubergine wurde in Indien als ein von außen durchgeführter Angriff auf die Souveränität der Nahrungsmittelversorgung und das »genetische Erbe« des Landes wahrgenommen. Zehn der 28 indischen Bundesstaaten untersagten den Anbau auf ihrem Gebiet – wozu sie im Rahmen des föderalen Systems in Indien berechtigt sind. Unter dem Eindruck dieser Protestwelle zog Minister Ramesh es vor, die Markteinführung auf die lange Bank zu schieben.

Die Befürworter genveränderter Lebensmittel geben sich damit natürlich nicht geschlagen. Doch die Entscheidung ist immerhin ein herber Rückschlag für das Unternehmen Mahyco – das die Aubergine im Auftrag des Agrobusinessgiganten Monsanto entwickelt hat – wie auch für die US-Regierung. Washington versucht seit langem, im Rahmen seiner Außenhandelspolitik die Akzeptanz der gentechnisch veränderten Lebensmittel von Monsanto zu verbessern. Das entspricht ganz der Argumentation der Biotechkonzerne, wonach nur gentechnisch veränderte Lebensmittel in der Lage seien, die Nahrungsmittelversorgung der Weltbevölkerung langfristig sicherzustellen. Nur mithilfe gentechnischer Veränderungen werden Lebensmittelpflanzen trotz zunehmender Wasserknappheit und steigenden Temperaturen auch in Zukunft die nötigen Erträge abwerfen.

Indien ist ein Land, in dem sich die Gefahr abzeichnet, dass immer mehr Menschen an Unterernährung leiden. Nach der schlechten Monsunsaison von 2009 plant das Land für 2010 den Import von 3 Millionen Tonnen Reis (Indien ist weltweit zweitgrößter Konsument nach China) und von 4 Millionen Tonnen Trockengemüse. Ironie des Zufalls: Am selben Tag, an dem sich Ramesh über das Schicksal der neu erschaffenen Aubergine äußerte, beschäftigte sich die Europäische Kommission mit der ebenfalls von Monsanto hergestellten genveränderten Maissorte MON 810. Kommissionspräsident José Manuel Barroso wird nachgesagt, den Anbau dieser Sorte im EU-Bereich möglichst rasch durchsetzen zu wollen.

Dass die Regierung in Delhi den Verkauf gentechnisch veränderter Lebensmittel verzögert, heißt keineswegs, dass sie einen anderen Weg einzuschlagen gedenkt. Im Gegenteil: Alles deutet darauf hin, dass sich Indien nicht nur zu einem der größten Verbraucher genmanipulierter Pflanzen entwickeln wird, sondern auch zu einem globalen Zentrum für deren Entwicklung und Vermarktung. Die Gen-Aubergine mit der Bezeichnung »Bt« (nach dem implantierten Gen des *Bacillus thuringiensis,* das gegen Insektenschädlinge resistent machen und so den Einsatz von Pestiziden reduzieren soll) ist weltweit die bisher einzige genetisch veränderte Pflanze, die für den menschlichen Verzehr – und nicht nur als Viehfutter – vorgesehen ist. Doch sie wird gewiss nicht die einzige bleiben.

Nach dem Erfolg seiner Bt-Baumwolle, die dank einer massiven Werbekampagne mittlerweile in vielen Ländern nachgefragt wird, bereitet Mahyco die Einführung zahlreicher gentechnisch modifizierter Agrarprodukte vor. Dabei wird das Unternehmen über die United States Agency for International Development (USAID) von der Regierung in Washington unterstützt. USAID fördert die Verbreitung gentechnisch veränderter Produkte in den Entwicklungsländern und kooperiert dabei – was nicht wirklich verwundert – mit den großen US-Agrarkonzernen und deren Niederlassungen vor Ort. USAID war auch mit seinem Projekt zur Unterstützung der agrarischen Biotechnologie (Agricultural Biotechnology Support Project, ABSP) direkt an der Entwicklung der Bt-Aubergine beteiligt.[1] Bananen, Erdnüsse, Papayas, Tomaten und Reis stehen als Nächstes auf der Liste.

Die Strategie von USAID bleibt dabei stets die gleiche: Im Idealfall soll universitäre Expertise mit einer schnellen Vermarktungsstrategie gekoppelt werden, die ein

1 www.absp2.cornell.edu.

BILD [M]: ANNELI KUUKKA

PPP-Unternehmen übernimmt – so funktioniert Public Private Partnership, die moderne Kooperation zwischen öffentlichem und privatem Sektor. Für die Bt-Aubergine konnte Mahyco in Indien das Forschungspotenzial der Tamil Nadu Agricultural University nutzen, die in das ABSP-Projekt von USAID einbezogen ist. Unterstützt wurde die Entwicklung auch von der Cornell University im Bundesstaat New York, dem wichtigsten Uni-Partner von Monsanto in den USA.[2]

An ABSP sind neben Universitäten (nicht nur der USA) auch Gentechnikfirmen wie Monsanto, Mahyco oder Nunhems Seeds (Bayer) beteiligt, ebenso die Beratungsagentur für Nahrungsmittelprodukte Sathguru, die auf ihrer Internetseite folgende Geschäftspartner nennt: das US-Landwirtschaftsministerium (USDA), USAID, die Cornell University und ABSP.[3] Die Trennlinie zwischen privatwirtschaftlichen Interessen und Gemeinwohl ist hier kaum noch zu erkennen.

Diese Unschärfe ist kein Zufall. Während alle Welt auf die seit 2005 laufenden Verhandlungen über ein indisch-amerikanisches Abkommen über nukleare Zusammenarbeit starrte, arbeiteten beide Länder an einer weiteren Vereinbarung, deren globale Auswirkungen mindestens ebenso bedeutsam sein könnten: die Vereinbarung über AKI, präziser die »U.S.-India Knowledge Initiative on Agricultural Education, Teaching, Research, Service, and Commercial Linkages«.

Die am 18. Juli 2005 vom indischen Premierminister Manmohan Singh und US-Präsident George W. Bush unterzeichnete Initiative sieht eine »aktive Teilnahme amerikanischer Universitäten beim Aufbau eines landwirtschaftlichen Ausbildungs- und Forschungsnetzwerks in Indien« vor und regt die »Gründung einer neuen Partnerschaft« an.[4] Im AKI-Verwaltungsrat sind die USA von »privatwirtschaftlicher« Seite durch die Konzerne Monsanto, Archer Daniels Midland und Walmart vertreten.[5]

Die AKI unterstützt die Ambitionen der indischen Regierung vorbehaltlos. Die verfolgt zum einen den Traum, ausreichend Nahrung für ihre wachsende Bevölkerung bereitstellen zu können. Zum anderen soll das Land den Wandel zur »Wissensgesellschaft« vollziehen und dadurch seiner Wirtschaft und seinen Unternehmen den Anschluss an die Weltspitze ermöglichen. Damit wird das Modell der »Delokalisierung« von Unternehmensdienstleistungen (Buchhaltung, Kundendienst über Callcenter, EDV), das lange Zeit der Motor des indischen Wirtschaftswachstums war, auf den Agrarsektor übertragen.

Delhi hält sich zwar weiterhin an seinen diplomatischen Grundsatz der »variablen Geometrie« und weigert sich im Rahmen der Doha-Runde der Welthandelsorganisation (WTO), seine Landwirtschaft vollständig zu liberalisieren. Aber das sind nur scheinbare Widersprüche. In beiden Fällen versuchen die Behörden vor allem, die Interessen der großen Unternehmen zu wahren.

Die Landwirtschaft ist in Indien schon immer ein Thema von überragender Bedeutung gewesen. Gleich nach der Unabhängigkeit sah sich das Land angesichts knapper Nahrungsmittel in die Rolle des Bittstellers gezwungen. Man musste Washington um Getreide anbetteln, das die USA damals in Überschüssen produzierten.[6] Um die Ausbreitung des Kommunismus in den entkolonialisierten Staaten zu verhindern, wollte Hubert H. Humphrey, Senator des Getreidestaats Minnesota, die US-Landwirtschaft als »diplomatische Waffe« einsetzen. Die Entwicklungsländer sollten anstelle ihrer traditionellen Nahrungsmittel auf US-amerikanische umstellen. Wie Humphrey damals schrieb, ging es insbesondere darum, den Geschmack und die Essensgewohnheiten der Kinder zu beeinflussen, vor allem in den Schulkantinen. In Japan sollten sie sich an Brot gewöhnen, in Jugoslawien anstelle der heimischen Frischmilch importiertes Milchpulver zu sich nehmen. Für Indien lautete seine Vision: »Wenn ein Kind seinen Finger in geschmolzene Butter getaucht und gekostet hat, wird es begeistert ausrufen: Amerika!«[7]

Mit US-Hilfe und durch Vermittlung der Rockefeller- und der Ford-Foundation wurde schließlich die »grüne Revolution« gestartet: Durch die Umstellung auf Hochleistungssaatgut und Monokulturen, den Einsatz von mineralischem Dünger, Pflanzenschutzmitteln und modernen Bewässerungsmethoden konnten die Erträge deutlich gesteigert und Indien vor der drohenden Hungersnot bewahrt werden. Zu einer vollständigen Liberalisierung der indischen Landwirtschaft kam es nicht. Auch später haben das weder die Öffnung für ausländisches Kapital nach 1991 noch die strategische Annäherung an die USA in der Bush-Ära geschafft.

Die »grüne Revolution« führte zu einem starken Anstieg der indischen Getreideproduktion – von 70 Millio-

2 B. V. Mahalakshmi, »Cornell researchers get nod for Bt brinjal trials«, *Financial Express*, 25. September 2007.

3 www.sathguru.com/management_consulting.php.

4 Siehe dazu die Internetseite des indischen Landwirtschaftsministeriums: www.fas.usda.gov/ICD/india_knowl_init/factsheet.asp.

5 www.fas.usda.gov/icd/india_knowl_init/board.asp.

6 1960 bestanden 92 Prozent der Entwicklungshilfe der USA für Indien aus Nahrungsmittellieferungen.

7 Hubert H. Humphrey, »Food and Fiber as a Force for Freedom«, Bericht gegenüber dem US-Senat (Public Law 480, 83D Cong.), Washington, 21. April 1958; http.//bulk.resource.org/gao.gov/83-480/000042EC.pdf.

nen Tonnen im Jahr 1954 auf 202 Millionen Tonnen heute. Doch das Land bezahlte für diese »Entwicklung« einen hohen Preis: Die Sortenvielfalt ging zurück; in den Monokulturen stieg die Anfälligkeit für Schädlingsbefall, überall sank der Grundwasserspiegel, die Bewässerungskanäle trockneten aus, die Böden versalzten, die Bauern mussten bei den großen Agrar- und Chemiekonzernen unermesslich hohe Schulden aufnehmen (von 1997 bis 2008 nahmen sich fast 200 000 Bauern das Leben)[8] und die Krebsrate der bäuerlichen Bevölkerung nahm zu.

Auch die politischen und sozialen Auswirkungen waren dramatisch. Viele sehen in der »grünen Revolution« eine entscheidende Ursache für die Rebellionen, die während der 1980er-Jahre im Pandschab ausbrachen und die Unabhängigkeit der Region zum Ziel hatten.[9]

ten im Landwirtschaftsministerium bekleiden, wo sie dann für die Beurteilung der Auswirkungen von Gentechnikprodukten zuständig sind, die ihre ehemaligen Kollegen produzieren.

Was in den USA als »Drehtür-Effekt« bezeichnet wird, lässt sich trefflich anhand der Karriere von Michael Taylor illustrieren: Der wechselte nach seiner Zeit als Monsanto-Manager direkt ins US-Landwirtschaftsministerium, das kurz darauf den Vertrieb des von Monsanto hergestellten Rinder-Wachstumshormons rBGH genehmigte. Anschließend lehrte er an der George-Washington-Universität, wo er junge Führungskräfte ausbildete, darunter auch Inder, die danach in ihre Heimat zurückkehrten. Inzwischen hat Michael Taylor einen wichtigen Posten in der Obama-Administration.[11]

Das Hauptziel der US-Agrarstrategie für Indien besteht darin, den öffentlichen Sektor zurückzudrängen.

Das Recht, neues Know-how in vermarktbare Produkte zu verwandeln, bleibt den multinationalen Konzernen vorbehalten

Heute wird Indien wieder vom Hunger bedroht – 40 Prozent der unterernährten Kinder der Welt leben in Indien. Die landwirtschaftliche Produktion leidet unter den Auswirkungen des Klimawandels auf den Monsunregen, der alarmierenden Wasserknappheit und der beschleunigten Urbanisierung und Industrialisierung, die immer mehr landwirtschaftliche Flächen auffrisst. Die agrarische Produktion wächst in Indien derzeit jährlich nur um 2 Prozent, weltweit dagegen trotz Finanzkrise um etwa 7 Prozent. Wenn das Land seinen Produktionszuwachs nicht erheblich steigert, wird es seine Bevölkerung nicht aus eigener Kraft ernähren und sein gesamtwirtschaftliches Wachstumsziel von 8 bis 9 Prozent nicht erreichen können.

In dieser Situation soll die AKI-Initiative für mehr ausländische Investitionen in die landwirtschaftlich-industrielle Infrastruktur sorgen und den Technologietransfer beschleunigen. Das sind freilich »Geschenke«, die ihre Geber wenig kosten: Das Recht, neues Know-how in vermarktbare Produkte zu verwandeln, bleibt allein den multinationalen Konzernen vorbehalten. Vor drei Jahren brachte der damalige US-Botschafter in Delhi diese zweite »grüne Revolution« auf einen knappen Begriff: »Die USA wollen den Agrarhandel mit Indien ausbauen. Davon könnten beide Seiten profitieren, das setzt allerdings den Umbau des indischen Landwirtschaftssektors voraus.«[10]

Die Veränderungen werden sich als Erstes an den indischen und amerikanischen Universitäten zeigen. Indische Wissenschaftler werden in Zukunft mit aller Selbstverständlichkeit zwischen Universität und Agrokonzernen hin- und herwechseln, wie es in den USA schon seit Jahrzehnten üblich ist. Man denke nur an die vielen Manager, die zunächst in der Privatwirtschaft exorbitante Gehälter kassieren und anschließend einen hohen Pos-

Indien bietet einmalige Vorteile: verarmte Bauern, die kaum kritische Fragen über das Saatgut stellen, das man ihnen verkauft, große landwirtschaftlich nutzbare Flächen, einen Markt mit gigantischem Wachstumspotenzial und eine Ministerialbürokratie, deren Angst vor Hungersnöten und Nahrungsmittelimporten genauso groß ist wie ihre Begeisterung für technologische Lösungen aller Art. Allerdings sind die US-Konzerne nicht die Einzigen, die von einer durchprivatisierten indischen Landwirtschaft träumen. Auch die europäischen Unternehmen Syngenta, Bayer CropScience, Carrefour und Tesco stehen in den Startlöchern, ebenso die indischen Konzerne Tata, Bharti, Reliance und Mahindra.

Tata gründete – nach US-Vorbild – den »Tata Educational and Development Trust«. Partner war die Cornell University, an der Firmenchef Ratan Tata studiert hatte. 2008 überwies das Unternehmen 50 Millionen Dollar an die Universität, die Hälfte ging an die »Tata-Cornell Initiative in Agriculture and Nutrition«, die sich mit dem indischen Agrarsektor beschäftigt. Die andere Hälfte finanziert Stipendien junger Inder, die an der Cornell University forschen. Zur gleichen Zeit beschloss das zu Tata gehörende Agrochemie-Unternehmen Rallis, »in großem Maßstab in den Handel mit Hybridsaatgut« und Gen-Baumwolle einzusteigen.[12]

Die US-Amerikaner wollen den Indern also einreden, dass sie »durch die Biotechnologie zum unabhängigen Selbstversorger im Bereich der Nahrungsmittelproduktion werden können«.[13] Als ob das so einfach wäre. In einem Unesco-Report vom April 2008 brachten 400 Wissenschaftler ihre Bedenken angesichts der industriellen Agrarproduktion zum Ausdruck. Sie stellen fest, dass »die Agrarwissenschaften über Jahre vor allem auf die Verbreitung von Technologien zur Steigerung von Pro-

8 Siehe den Beitrag von Palagummi Sainath in diesem Heft.
9 Dieser Konflikt war auch der Hintergrund für den Mord an Ministerpräsidentin Indira Gandhi durch zwei ihrer Sikh-Leibwächter am 31. Oktober 1984.
10 David C. Mulford, »Indo-US Economic Cooperation: Developing a Strategy for Closer Partnership«, Neu-Delhi, 6. März 2007.
11 organicconsumers.org/articles/article_18866.cfm.
12 *Financial Chronicle*, Mumbai, 16. März 2009.
13 Sourav Mishra et Abishek Shankar, »GM crops can meet Indias food, biofuel needs«, Reuters India, 25. Februar 2008.
14 Dieser Bericht hat den Titel »International Assessment of Agricultural Knowledge, Science and Technology for Development (IAASTD)« und ist nachzulesen unter: www.agassessment.org.
15 Jairam Ramesh, »Decision on Bt-Brinjal«, 9. Februar 2010, http://moef.nic.in.

Erstmals erschienen in *Le Monde diplomatique* vom März 2010.

duktivität und Bodennutzung ausgerichtet waren. Der Markt und die institutionellen Mechanismen gaben das allgemeine Modell vor, das auf permanente Innovation, Preisreduktionen für die Produzenten und die Externalisierung von Kosten abzielte.«[14]

In dem Bericht heißt es weiter, die eindrucksvolle Produktivitätssteigerung sei auf Kosten der sozialen Gerechtigkeit gegangen – und zu Lasten der lokalen Gemeinschaften, die inzwischen über ihr angeeignetes Wissen nicht mehr verfügen und ihre Lebensweise nicht mehr selbst bestimmen können. Überdies sei die Natur an die Grenzen ihrer Belastbarkeit gelangt. Ernsthafte Vorbehalte werden gegenüber rein technologischen Lösungsansätzen geäußert, und besonders gegenüber gentechnisch veränderten Organismen.

Die weltweite Wirtschaftskrise hat die Politiker in Delhi gegenüber den Argumenten aus den USA keineswegs skeptischer gemacht. Auf der regionalen Konferenz des Davoser Weltwirtschaftsforums im November 2009 zeigten sich die indischen Repräsentanten mehr denn je vom Konzept der Public Private Partnership begeistert und forderten ausländische Investoren auf, sich auf diesem Gebiet noch stärker zu engagieren – das Ergebnis wäre eine weitere Liberalisierung der indischen Wirtschaft.

Auch die Hoffnung, dass Barack Obama seine Aussagen über einen echten Wandel der US-Außenpolitik gerade auch im Agrar- und Landwirtschaftsbereich umsetzen würde, haben sich nicht erfüllt. Im Gegenteil: Außenministerin Hillary Clinton ernannte zum Chef der staatlichen Entwicklungshilfeorganisation USAID ausgerechnet Rajiv Shah, der in seiner Tätigkeit für das US-Landwirtschaftsministerium und die Gates Foundation bewiesen hat, dass er ein Fan von genveränderten Produkten ist. Offenbar will Washington bei der Entwicklung der armen Länder künftig noch stärker auf Gentech setzen.

Gleichwohl wurden in Indien die Agrarkonzerne, allen voran Monsanto, von den massiven Protesten gegen die Gen-Aubergine überrascht. Bevor Minister Ramesh am 9. Februar den Anbaustopp verkündete, hörte er sich bei öffentlichen Debatten alle Argumente an, auch die der am meisten gefährdeten Kleinbauern. Darüber wurde in den Medien breit berichtet.

Seine Entscheidung begründete Umwelt- und Forstminister Ramesh damit, dass in einem solchen Fall Transparenz, Besonnenheit und vor allem Vorsicht geboten sei. Schließlich seien sich auch die Wissenschaftler noch nicht einig, bei den Regierungen einiger Bundesstaaten gebe es Widerstand, und die Vertreter der Zivilgesellschaft dürften Antworten auf ihre Fragen erwarten. »Solange die öffentliche Meinung gegen die Bt-Aubergine ist«, meinte Ramesh, »und solange keine Notwendigkeit besteht, sie auf den Markt zu bringen, ist es meine Pflicht, Vorsicht walten zu lassen und ein Moratorium zu verhängen.«[15]

Aus dem Französischen von Jakob Horst

Jetzt sind wir dran

Indien will Wachstum und das Recht, wie die Industrieländer das Klima zu belasten

Von Sven Hansen Asien-Redakteur der *tageszeitung* (taz), Berlin.

Der Klimagipfel von Kopenhagen hat fast alle enttäuscht. Verbindliche Beschlüsse blieben aus. Doch Jairam Ramesh, Indiens Umweltminister und Leiter der Delegation seines Landes in Kopenhagen, kehrte gut gelaunt nach Delhi zurück. Dort erklärt er, dass es seiner Delegation gelungen sei, die Festlegung auf verbindliche Reduktionsziele für Treibhausgase zu vermeiden: »Wir können sehr zufrieden sein, dass wir uns in dieser Sache durchgesetzt haben (…) Mein Mandat war, Indiens Recht auf Entwicklung zu schützen, Indiens Recht auf größeres Wirtschaftswachstum.«

Indien ist heute nach China, den USA und Russland der viertgrößte Emittent von Treibhausgasen. Der Anteil Indiens am weltweiten Ausstoß beträgt rund 5 Prozent gegenüber je rund 18 Prozent Chinas und der USA. Indiens Pro-Kopf-Emissionen von 1,8 Tonnen sind aber niedrig gegenüber 20 Tonnen der USA, über 10 der meisten OECD-Staaten oder 7,5 im globalen Durchschnitt. Indiens niedriger Pro-Kopf-Wert liegt an der großen Zahl ländlicher Armer (rund 416 Millionen), die noch ohne Elektrizitätsversorgung leben. Premierminister Manmohan Singh versprach im Sommer 2007, Indiens Pro-Kopf-Emissionen würden die der Industrieländer nie übersteigen. Das dürfte sich wegen des großen Nachholbedarfs über Jahrzehnte halten lassen. Der inzwischen umstrittene Chef des Weltklimarates IPCC und Friedensnobelpreisträger Rajendra Pachauri, der in Delhi die Umweltorganisation TERI leitet, sieht in Singhs Versprechen eine Herausforderung für die Industrieländer: »Wenn ihr wollt, dass wir mehr machen, müsst ihr selbst noch viel mehr machen.«

Minister Ramesh lobt in der Klimapolitik die Kooperation mit China[1]. In Kopenhagen hatten die Regierungschefs der vier so genannten BASIC-Staaten (Brasilien, Südafrika, Indien und China) in den letzten Stunden des Kopenhagener Gipfels mit US-Präsident Barack Obama den »Copenhagen Accord« ausgehandelt. Es ist das einzig greifbare – allerdings von den anderen Gipfelteilnehmern nur zur Kenntnis genommene – Abkommen des Gipfels und doch nicht verbindlich. Es bestätigt das Ziel, die Erderwärmung auf zwei Grad zu begrenzen, überlässt die Wahl des Weges dorthin aber den einzelnen Staaten. Deren Maßnahmen werden nicht überprüft. Verfehlen sie die verabredeten Ziele, so sind Sanktionen nicht zu befürchten. Dem Accord zufolge sollen die Industrieländer die ärmeren Staaten in den nächsten drei Jahren beim Klimaschutz mit jährlich 10 Milliarden Dollar unterstützten, ab 2020 sollen es pro Jahr 100 Milliarden sein.

Ramesh äußert sich noch am 10. März 2010 zufrieden: Der Beitritt zum Accord »wird unsere Verhandlungsposition zum Klimawandel stärken.« Ausschlaggebend für Indiens Beitritt seien mehrere Gründe gewesen: Erstens sei das Abkommen unverbindlich, zweitens stehe es nicht außerhalb der Klimarahmenkonvention (welche primär die Industrieländer für den Klimawandel verantwortlich macht) und drittens nenne es auch kein Datum, zu dem die eigenen Emissionen sinken sollen. In Kopenhagen hatte Indien bereits unverbindlich angeboten, seine Emissionen, bezogen auf das Bruttoinlandsprodukt, bis zum Jahr 2020 um 20 bis 25 Prozent gegenüber dem Basisjahr 2005 zu senken, allerdings ohne zu sagen, wie das Ziel erreicht werden soll.

Die angesehene Umweltorganisation Center for Science and Environment (CSE) aus Delhi beurteilt den Accord anders als die Regierung und hatte sie aufgefordert, ihm nicht beizutreten. Er sei »schwach, bedeutungslos und fundamental fehlerhaft«[2]. Das Abkommen erlaube den Industrieländern mit viel geringeren Emissionsreduktionen davonzukommen, als dies zur Begrenzung der Erderwärmung auf maximal zwei Grad nötig sei, und missachte ihre historische Verantwortung. Der Accord ermögliche ihnen, »schwache und unangemessene nationale Reduktionsziele zu benennen, die international nicht verpflichtend sind«, kritisiert CSE-Direktorin Sunita Narain. Die Entwicklungsländer würden dabei nichts gewinnen.

»Einfach gesagt ist der Copenhagen Accord ein illegitimer, wenig durchdachter und abgekarteter Deal zwischen einer Handvoll Länder, zu denen die größten heutigen und künftigen Verschmutzer gehören«, findet der indische Journalist Praful Bidwai[3]. »Die Führer der BASIC-Staaten, besonders Indien, haben ihre Bevölkerungen mit dem Abkommen verraten. Das gibt ihren konsumfreudigen Eliten weiteren Raum für Verschmutzungen, geht aber gegen die Interessen der Armen. Denn diese müssen die Folgen des Klimawandels tragen, der durch das schlechte Abkommen noch verschärft wird.« Indiens Klimapolitik werde von Beamten und Diplomaten gemacht, die Klimaschutz nicht als Frage von Gerechtigkeit und Entwicklung begriffen, sondern als geopolitische Bedrohung der Freiheit des Konsums der indischen Elite. Deren Lebensstil beruhe auf emissionsintensivem Wirtschaftswachstum. Indien mache sich international zum Komplizen einer zerstörerischen Ordnung und vernachlässige national die Entwicklung nachhaltiger Alternativen.

1 Ramesh hatte bereits 2006 mit seinem Buch *Making Sense of Chindia. Reflections on China and India,* Neu-Delhi (India Research Press) für Schlagzeilen gesorgt, in dem er für eine engere Kooperation zwischen den beiden asiatischen Riesen warb.

2 CSE Press Release, »India should not support the Copenhagen Accord, says CSE«, Neu-Delhi, 8. Januar 2010.

3 Praful Bidwai, »Fouling up the air«, in: *Frontline,* 29. Januar 2010.

Traum von eigenem Auto? Abends auf einem Busbahnhof in Bangalore.
BILD: AKSHAY MAHAJAN

Auch Premierminister Singh äußert sich Anfang Januar vor Wissenschaftlern kritischer zu den Ergebnissen des Klimagipfels als sein Umweltminister: »Wir haben beim Kopenhagen-Gipfel nur einen kleinen Fortschritt erzielt, und niemand war mit dem Ergebnis zufrieden.« Die Entwicklungsländer seien die Hauptleidtragenden des Klimawandels und hätten ihn doch selbst nicht verschuldet. Singhs Regierung wird von den Nachbarländern Malediven, Bangladesch und Nepal gedrängt, eine Führungsrolle im Kampf gegen den Klimawandel einzunehmen.

Dabei hat Indiens Regierung das Problem des Klimawandels selbst jahrelang geleugnet. Sie wurde erst aktiv, als dessen negative Auswirkungen im eigenen Land sich nicht länger ignorieren ließen. 2007 wurde der Klimarat des Premierministers gegründet. Ihm gehören u.a. IPCC-Chef Pachauri, CSE-Direktorin Narain und mit dem Autoproduzenten Ratan Tata ein führender Industrieller an. 2008 wurde der Nationale Klimaaktionsplan veröffentlicht[4]. Der 50-seitige Plan gibt der wirtschaftlichen Entwicklung und damit dem Wirtschaftswachstum Priorität vor dem Klimaschutz. Indien teilt die von den Entwicklungsländern (G 77) in der UN-Klimarahmenkonvention verankerte Position, dass die Industrieländer als Hauptverursacher des Klimawandels zuerst ihre Emissionen verbindlich reduzieren müssen, die Entwicklungsländer dagegen ein Recht auf Entwicklung und damit zunächst auf weitere Verschmutzung haben. Freiwillige Emissionsreduzierungen der Entwicklungsländer seien mit dem Transfer klimafreundlicher Technologien sowie entsprechenden Finanzhilfen zu unterstützen.

Diese Position vertraten Delhis Unterhändler noch uneingeschränkt bei den Klimavorverhandlungen Anfang Oktober 2009 in Bangkok. Doch nur wenige Wochen vor dem Kopenhagener Gipfel geriet Indiens Position kurzzeitig ins Wanken. Ursache dafür war ein Brief von Umweltminister Ramesh an Premier Singh vom 13. Oktober, der der *Times of India* zugespielt wurde[5]. Darin befürwortete Ramesh ein Abrücken von bisherigen Positionen, um in Kopenhagen die Chancen für ein neues Klimaabkommen zu erhöhen. Indien dürfe bei einem möglichen Scheitern des Gipfels nicht als Blockierer dastehen und damit seine Aussicht auf einen permanenten Sitz im Weltsicherheitsrat aufs Spiel setzen.

»Die Position, Verpflichtungen zur Minderung der Treibhausgase nur einzugehen gegen finanzielle und technologische Unterstützung, muss modifiziert werden, weil wir den Ausstoß schon aus Eigeninteresse mindern müssen«, schrieb Ramesh. »Wir sollten pragmatisch und konstruktiv sein, nicht rechthaberisch und polemisch.« Er sprach sich gar für einseitige Reduktionsverpflichtungen aus, darin der Position der USA entgegenkommend. Die-

4 Government of India, Prime Minister's Council on Climate Change, »National Action Plan on Climate Change«, 30. Juni 2008.
5 *The Times of India*, »Jairam for major shift at climate talks«, 19. Oktober 2009.

se ratifizierten bekanntlich das Kioto-Protokoll nicht, und eigene Reduktionsverpflichtungen wollten sie nur übernehmen, wenn China, Indien und die Schwellenländer ähnliche Schritte verbindlich zusagten.

Rameshs Vorschlag führte zu massiven Protesten – auch in der von ihm geleiteten Regierungsdelegation und in seiner eigenen Kongresspartei. »Selbst wenn der Minister damit gute Absichten verfolgt: Jeder Versuch, die US-Regierung auf diese Weise ins Boot zu holen, ist ein Rückschritt und naiv«, sagte CSE-Direktorin Narain. Die unterschiedlichen Verantwortlichkeiten zwischen Industrie- und Entwicklungsländern dürften nicht verwischt werden. Srinivas Krishnaswamy, früher Klima-Kampagnenleiter von Greenpeace Indien und jetzt Leiter der Politikabteilung der Organisation, sagte: »Wenn Ramesh wirklich von verbindlichen Reduktionsverpflichtungen für Indien ohne garantierten Finanz- und Technologietransfer gesprochen hat, macht er sich zum Narren.« Doch Rameshs Forderung nach mehr Klimaschutz im Land unterstützt Krishnaswamy: »Aber wir brauchen dafür Finanzmittel. Sonst wird es nur ein langfristiger Plan unter vielen.« T. Jayaraman vom Tata-Institut für Sozialwissenschaften in Bombay nannte Rameshs Vorstoß einen Versuch, Indiens Energie- und Entwicklungszukunft gegen einen illusionären Supermachtstatus zu tauschen, der wenig nütze.[6]

Ramesh sah sich am 20. Oktober zu der Erklärung genötigt, dass sich Indien niemals zu international verbindlichen Emissionsreduktionszielen verpflichten und nie einer Aufhebung der Unterscheidung zwischen Industrie- und Entwicklungsländern bei den Reduktionsverpflichtungen zustimmen werde. Indien werde nur eine internationale Überprüfung der Einhaltung seiner Klimaziele zulassen, wenn diese mit Finanz- und Technologietransfers einhergehe. Einen Tag später schloss Indien mit China ein fünfjähriges Klima-Kooperationsabkommen, worin sie sich auf die Position der G 77 in den Klimaverhandlungen festlegten.

Damit waren die alten Konstanten der indischen Klimapolitik bestätigt. Ramesh hatte schon zuvor versucht, diese flexibler auszulegen: Bereits im September hielt er »implizite« Reduktionsverpflichtungen für denkbar. Damit meinte er Pläne zur Erzeugung erneuerbarer Energien. Sein Land solle international beim Klimaschutz nicht Bremser, sondern Antreiber sein. Nachdem Indiens Regierung 2008 wegen der harten Haltung in Agrarfragen für das Scheitern der Verhandlungen der Doha-Welthandelsrunde mitverantwortlich gemacht wurde, wollte sie in Kopenhagen unbedingt besser aussehen. Das gelang insofern, als jetzt China von Vertretern der Industrieländer wie dem britischen Umweltminister Ed Miliband als größter Blockierer bezeichnet wurde.

Den Unterschied zwischen den Emissionen der westlichen Industrieländer und denen des Südens beschreibt Ramesh so: »Unsere Emissionen sind Entwicklungsemissionen, eure sind Lifestyle-Emissionen.« In einem Positionspapier der indischen Regierung [7] vom März 2009 heißt es unmissverständlich: »Aktionen gegen den Klimawandel müssen die Aussichten auf Entwicklung fördern und nicht verringern. Sie dürfen die Teilung der Welt in einen wohlhabenden Norden und einen verarmten Süden nicht verschärfen und mit einem grünen Etikett versehen.«

Indien besteht darauf, dass alle Menschen das gleiche Recht auf die Ressource Erdatmosphäre haben. Dieses – übrigens auch von der deutschen Bundeskanzlerin unterstützte – Prinzip müsse dazu führen, dass sich die Pro-Kopf-Emissionen weltweit angleichen: »Internationale Klimaabkommen, die die großen Unterschiede der Pro-Kopf-Emissionen festschreiben, sind aus Gerechtigkeitsgründen nicht zu akzeptieren.« Dabei gibt es auch innerhalb Indiens scharfe Kontraste. Laut einer Studie von Greenpeace India gehen die Klimabelastungen des Landes vor allem von der Mittel- und Oberschicht aus, die jährlich pro Kopf 5 bis 6 Tonnen emitierten, während die unteren Einkommensschichten pro Kopf weniger als 0,5 Tonnen ausstießen.[8]

Aktionen gegen den Klimawandel dürfen die Teilung der Welt in einen wohlhabenden Norden und einen verarmten Süden nicht verschärfen und mit einem grünen Etikett versehen

Delhis Klimaaktionsplan räumt dem Kampf gegen die Armut Priorität ein, was als Rezept gegen den Klimawandel dienen und dessen Auswirkungen verringern soll. Doch die Notwendigkeit einer Wende zu ökologischer Nachhaltigkeit wird anerkannt. Um acht Bereiche geht es: Solarenergie, Energieeffizienz, nachhaltiger Lebensraum, Wasser, der Schutz des Ökosystems Himalaja, ein grünes Indien, nachhaltige Landwirtschaft und strategisches Wissen über den Klimawandel. Betont wird insbesondere die Notwendigkeit der stärkeren Nutzung der Solarenergie (Indien hat bis zu 300 Sonnentage im Jahr) und anderer erneuerbarer Energien. Schon heute steht Indien mit seiner Produktion von Windenergie weltweit an vierter Stelle und an zweiter Stelle bei Biogas.

Krishnaswamy von Greenpeace sieht Delhis Klimaplan dennoch kritisch: Er sei »weniger ein Aktions- als ein Visionsplan«. Immerhin ergreife die Regierung erstmals selbst die Initiative. Das NGO-Bündnis Climate Challenge India findet, der Plan lese sich, »als gebe es kein Problem mit der globalen atmosphärischen Destabilisierung und als berge der Klimawandel nur einige lokale Schwierigkeiten, die man mit Anpassungsmaßnahmen in den Griff bekommen könne«.

Südasien ist eine der Weltregionen, die durch den Klimawandel am stärksten gefährdet sind. Der vom Inder Pachauri geleitete Weltklimarat IPCC befürchtet die Zunahme extremen Wetters, das Abschmelzen der Himala-

6 Devesh Kapur, Radhika Khosla und Pratap Bhanu Mehta, »Climate Change: India's Options«, in: *Economic & Political Weekly*, Vol. XLIV, No. 31, Bombay, 1. August 2009.
7 www.climatechallengeindia.org/India-Climate-Watch.
8 »Hiding behind the poor: A report by Greenpeace India on climate injustice«, Oktober 2007.

ja-Gletscher[9], die den Brahmaputra, den Ganges und den Indus mit Wasser speisen, wachsende Unregelmäßigkeiten bei den Monsunzyklen und damit Ernteausfälle sowie Überflutungen der Küsten durch steigende Wasserspiegel. Greenpeace India prophezeit für die Region selbst bei einem globalen Temperaturanstieg von nur zwei Grad viele Millionen Klimaflüchtlinge[10]. Damit steigen auch die Sicherheitsrisiken, sagt der ehemalige Luftwaffenmarschall A. K. Singh, Spezialist für klimabedingte Sicherheitsfragen. Überschwemmungen seien nicht nur für Indien mit seiner 7500 Kilometer langen Küste gefährlich – sie würden voraussichtlich auch Flüchtlingsströme aus Bangladesch und von den Malediven mit sich bringen. Singh prophezeit für diesen Fall den Einsatz des indischen Militärs und fürchtet Hungeraufstände. Die durch den Klimawandel in Indien verursachten Schäden der letzten dreißig Jahren beziffert er auf 32 Milliarden US-Dollar.

Indiens Industrie sieht den Klimawandel dagegen bisher vor allem als Mittel, um mit Emissionshandel im Rahmen des Clean Development Mechanism (CDM) Geld zu verdienen. Bis Juni 2008 waren in Indien laut Regierung 969 CDM-Projekte registriert, davon 340 beim multilateralen Exekutivrat. Von den dort damals weltweit insgesamt 1 081 registrierten Projekten stammten 32 Prozent aus Indien. Bei den Reduktionsgutschriften (CER) liegt Indien jedoch mit einem Anteil von 28,16 knapp hinter China mit 29,25 Prozent. Grund ist die geringere Größe der indischen Projekte.

Da in weiten Teilen Indiens immer noch Energiemangel herrscht, muss Energie ökonomisch und ökologisch sinnvoller produziert und effizienter genutzt werden. Mit der Kontinuität der Energiepolitik aber wird Kohle Hauptenergieträger bleiben. IPCC-Chef Pachauri sagt: »Die Industrieländer haben sehr lange Kohle genutzt. Wir sagen ja nicht, dass wir sie ebenso lange nutzen wollen. Aber wenigstens für die Zeit, die wir noch brauchen, um die Armut zu beseitigen. Wie sollen wir uns denn sonst jemals erneuerbare Energien leisten können, die zur Zeit noch so teuer sind?« In Indien herrscht Einigkeit, dass der nötige Wandel in der Klimapolitik von den Industrieländern ausgehen muss. Doch: »Der Norden akzeptiert das Grundprinzip nicht, dass er seinen Ausstoß reduzieren muss, damit der Süden wachsen kann«, sagt Narain von der Umweltorganisation CSE. Mache der Norden dagegen vor, wie er auf seinem hohem Entwicklungsniveau Emissionen deutlich senken kann, könne Indien mehrere Entwicklungsstufen überspringen. •

9 Dem IPCC wurde im Januar 2010 vorgeworfen, eine fehlerhafte Studie zur Gletscherschmelze wider besseres Wissen nicht korrigiert und damit für seine Warnungen instrumentalisiert zu haben. Dies untergrabe die Glaubwürdigkeit des Gremiums. Statt wie der IPCC von einem Abschmelzen der Himalaja-Gletscher in den nächsten 25 Jahren auszugehen, gelten heute 300 Jahre als realistisch.

10 »Blue Alert. Climate Migrants in South Asia. Estimates and Solutions«. Bericht von Greenpeace India, März 2008.

Aktualisierte Version eines Artikels, der im November 2009 in *Le Monde diplomatique* erschien.

Tata Nano: Kleines Auto, große Folgen

Eine massenhafte Motorisierung dank des Nano wäre für den Chef des Weltklimarates (IPCC) Rajendra Pachauri ein Alptraum. Das neue Billigauto des indischen Tata-Konzerns sei »nicht die richtige Option für ein Land mit einer Milliarde Menschen, von denen sich viele nicht einmal eine Busfahrkarte leisten können«.

Während indische Umweltschützer ebenso wie Pachauri den Ausbau öffentlicher Transportsysteme fordern, lobt Tata, dem auch die britischen Edelmarken Jaguar und Land Rover gehören, die niedrigen Abgaswerte des Nano. Auch Kalyan Prasad Nyati, ehemaliger Klimaexperte beim Industrieverband CII, verteidigt den Nano: »Es ist doch merkwürdig: Solange wir Inder Motorrad fahren, interessiert das keinen. Aber beim Nano regen sich die Leute auf, während gegen die Geländewagen in den Industrieländern niemand etwas einzuwenden hat. Dabei brauche ich für Mobilität doch keine Spritschlucker.«

Bei der Markteinführung des mit seinem Preis von umgerechnet 2 000 Euro billigsten Autos der Welt kam es wegen eines Landkonflikts zum Umzug der Fabrik und dadurch zu Verzögerungen. Bis Ende 2009 konnten von den 206 000 bestellten Nano erst 26 500 ausgeliefert werden. Dennoch wurde der Winzling zum Symbol für Indiens rasante Motorisierung. Nissan-Renault, Honda und Toyota kündigten inzwischen ähnliche Kleinstwagen an. Schon heute sind 80 Prozent aller in Indien verkauften Autos Kleinwagen.

Indien holt schnell auf: Im Februar 2010 wurden 153 845 Pkw, 58 025 Lkw und 220 000 Motorräder verkauft, das entspricht einem Plus von 33, 87 bzw. 86 Prozent gegenüber dem Vorjahresmonat. 2009 wurden 1,45 Millionen Autos verkauft, 2010 wird mit 2 Millionen gerechnet, bis 2020 mit einer Verdreifachung. Indien ist schon heute nach China und Japan der drittgrößte Automarkt in Asien.

Führt Indiens Nano in die globale Klimakatastrophe? Oder tun das nicht doch eher die Chryslers, Toyotas und BMWs der reichen Welt? In Indien fahren von tausend Menschen gerade einmal neun ein Auto, in den Industrieländern sind es 500 bis 800 – und das seit Jahrzehnten.

Der im März 2010 zurückgetretene Klimasondergesandte von Indiens Premierminister Shyam Saran besteht darauf, dass die indische Autoindustrie das Recht habe, zu wachsen und sich weiterzuentwickeln. »Wir können den Menschen nicht sagen, ihr dürft wegen des Klimawandels kein Auto haben.«

Sunita Narain von der Organisation »Center for Science and Environment« (CSE) hat vor zehn Jahren mit Erfolg dafür gekämpft, dass in Delhi die gesamte Bus-, Taxi- und Motorrikscha-Flotte auf abgasärmeren Gasantrieb umgestellt wurde. Sie hält nichts von Indiens Autopolitik, kritisiert aber auch die europäische und findet zumal die deutsche Abwrackprämie empörend: »Statt Privatautos hätten wenigstens öffentliche Busse gefördert werden sollen.«

Pachauri sieht die Industrieländer in der Pflicht: »Die Werbeindustrie redet den Menschen weltweit ein, dass jede Familie ein Auto braucht und dass man nur mit einem Auto glücklich sein kann.« Die Träume der Inder würden von dem genährt, was sie in den Industrieländern sehen. »Auch deshalb muss der Wandel in den Industrieländern beginnen. Solange ihr nicht umsteuert, werden wir weiter eurem Weg folgen. Der gilt als Fortschritt, auch wenn er zu Lasten der Umwelt geht.«
Sven Hansen

Die Verschuldung der Bauern ist dramatisch gestiegen und treibt viele in den Selbstmord

Böse Saat in Andhra Pradesh

Bauer in Maharashtra beim Getreideschwingen.
BILD: YOGITA MEHRA

Von Palagummi Sainath*

Der Bauer, den wir in den Nallamada-Hügeln im südindischen Bundesstaat Andhra Pradesh trafen, war ein undankbarer Kerl. Er fluchte über seine engsten Freunde, die ihm das Leben gerettet hatten. Kurz nachdem der Mann eine größere Menge Pestizide geschluckt hatte, hatten ihn seine Freunde gefunden und sofort ins Krankenhaus gebracht.

»Aber deine Freunde haben dich doch gerettet«, meinten wir. »Deine Familie sollte ihnen dankbar sein.« Da geriet der Mann nur noch mehr in Rage: »Ihr kapiert gar nichts. Ich habe versucht, mich umzubringen, weil ich meine Schuld von 100 000 Rupien nicht abzahlen konnte. Ich hatte die Gläubiger am Hals. In vier Jahren habe ich 100 000 Rupien Schulden gemacht, und hier im Krankenhaus sind allein in vier Tagen schon wieder über 50 000 Rupien dazugekommen. Wo soll ich das Geld hernehmen? Warum konnten mich diese Idioten nicht sterben lassen?«

150 000 Rupien sind ungefähr 2 650 Euro. Die Verschuldung der indischen Bauern hat sich von 1997 bis 2007 fast verdoppelt. In diesen zehn Jahren hat sich Indien den Ruf einer aufsteigenden Wirtschaftsmacht erworben. Nach den Zahlen der staatlichen Statistikbehörde NSSO (National Sample Survey Organisation) waren 1997 etwa 26 Prozent der Bauern verschuldet. Bis 2003 hat sich diese Zahl auf 48 Prozent erhöht.[1] Allein im Bundesstaat Andhra Pradesh[2] kletterte der Anteil der verschuldeten Haushalte inzwischen auf die Rekordhöhe von 84 Prozent. Und das sind die offiziellen Zahlen, die sonst im Ruf stehen, die Realität eher zu verharmlosen.

Je mehr Haushalte auf dem Land überschuldet waren, umso rasanter stieg hier die Selbstmordrate. Im Mai 2006 berichtete Indiens Landwirtschaftsminister Sharad Pawar dem Parlament, dass sich zwischen 1993 und 2003 im ganzen Land mehr als 112 000 Bauern das Leben genommen hatten. Auch diese hohe Zahl ist zu niedrig angesetzt, denn tausende Dorfbewohner werden von der Definition »Bauer« gar nicht erfasst. So gelten Frauen nicht als Bauern, obwohl sie den Großteil der landwirtschaftlichen Arbeit leisten. Den Status des Bauern erhält man durch Landbesitz, und da der Grund und Boden in den Dörfern fast immer auf den Namen von Männern eingetragen ist, fallen Frauen aus der Definition heraus. Wenn sich also eine Frau umbringt, wird das zwar als Selbstmord, nicht aber als Selbstmord einer Bäuerin registriert.

Die Zahl von 112 000 Toten erfasst wie gesagt nur das Jahrzehnt bis Ende 2003. In mehreren Regionen gab es danach einen dramatischen Anstieg der Selbstmordrate, zum Beispiel in der Baumwollregion Vidharbha im reichen Bundesstaat Maharashtra. 25 000 Dollarmillionäre leben heute in Maharashtras Hauptstadt Mumbai (früher Bombay). In sechs Landkreisen von Vidharbha leben fast zwei Millionen Bauernfamilien, das sind insgesamt etwa zehn Millionen Menschen. Von diesen leben nach der amtlichen Statistik zwei Millionen Menschen in »größter Not«, nahezu drei Viertel offiziell in »mittlerer Not«.[3] In diesen sechs Distrikten war die Zahl der Selbstmorde von Bauern 2006 fünfundzwanzigmal so hoch wie 2001. Insgesamt müssen wir für das gesamte ländliche Indien, wenn wir die Zahlen des Ministers bis 2006 hochrechnen, von 130 000 Selbstmorden ausgehen.[4]

Am 15. August 2006 gestand der indische Premierminister Manmohan Singh zum ersten Mal ein, das die indische Landwirtschaft in einer großen Krise steckt. Dabei verwies er ausdrücklich auf Vidharbha, höchst ungewöhnlich für eine Rede zum Unabhängigkeitstag. Was ist schiefgelaufen? Die Antwort lautet: praktisch alles, jedenfalls für die kleinen, marginalisierten oder landlosen Bauern, das heißt für die meisten Inder.

Die hohe Selbstmordrate ist nur ein Symptom oder Ergebnis dieser Krise. Selbst in Dörfern, wo kein einziger Selbstmord vorkam, ist die Lage der Bauern bedrückend. Utsa Patnaik, Indiens führende Professorin für Agrarökonomie, die an der Jawaharlal-Nehru-Universität lehrt,[5] kann einen der Gründe für diese Tragödie nennen: Die Entwicklungsausgaben des indischen Staates wurden in den letzten fünfzehn Jahren dramatisch zusammengestrichen. 1989 entsprachen diese Ausgaben noch etwa 14,5 Prozent des Bruttoinlandsprodukts (BIP), bis 2005 waren sie auf 5,9 Prozent gefallen. Das bedeutet für die ländlichen Gebiete ein Minus an Investitionen von jährlich umgerechnet 5,2 Milliarden Euro. Und die Einkommensverluste, die diese Investitionslücke nach sich zieht, liegen pro Jahr etwa viermal so hoch.

Nachdem die öffentlichen Investitionen in die Landwirtschaft dermaßen eingebrochen waren, nahm dementsprechend die Beschäftigungslosigkeit auf dem Lande zu. Eine der größten Migrationswellen von den Dörfern in die Städte setzte ein, die städtische Armutsbevölkerung nahm zu. Wer sich weiter in der Landwirtschaft abmühte, erlebte die schwierigsten Jahre seit langer Zeit.

Indien befindet sich seit dem Ende der 1990er-Jahre in der schlimmsten Agrarkrise seit dem Ende der Grünen Revolution. Diese Krise war und ist eine Folge politischer Entscheidungen – unter anderem des Beschlusses, nicht mehr in die Landwirtschaft zu investieren.

Der nächste Schritt war die agrarpolitische Deregulierung: In dem Maße, in dem die Kontrollen nachlässiger wurden, stiegen die Preise der Inputs, vor allem von Saatgut. Das Agrobusiness machte glänzende Geschäfte, denn es konnte seine Preise nach Belieben festsetzen und den Bauern verkaufen, was es wollte. Deren Ausgaben schossen in die Höhe. Der Preis für einen Sack des Düngemittels Diammoniumphosphat, der 1991 noch 120 Rupien (etwas über 2 Euro) betragen hatte, stieg bis 2000 auf das Vierfache. Bei Saatgut betrug der Preisanstieg je nach Sorte zwischen 100 und 300 Prozent. So verlangten etwa Monsanto und seine Tochterfirmen für

*Palagummi Sainath ist vielfach ausgezeichneter Landwirtschaftsredakteur der Tageszeitung *The Hindu* und Autor von *Everybody loves a good drought. Stories from India's poorest districts,* Delhi (Penguin) 2004.

1 Die NSSO ist die größte datenerhebende Institution in Indien. Alle hier zitierten Angaben über die Verschuldung der Bauern stammen aus dem 59. Bericht der NSSO.

2 Im Westen galt der Staat Andhra Pradesh lange als positives Modell. Chandrababu Naidu, dort bis 2004 Regierungschef, war der Liebling westlicher Konzerne. Er hatte das »Vision 2020« genannte Entwicklungsprogramm für seinen Bundesstaat von der Beratungsfirma McKinsey erarbeiten und seine Umsetzung von der Weltbank finanzieren lassen. Doch während seiner neunjährigen Amtszeit haben sich sehr viele Bauern umgebracht. 2004 erlitt Naidu deshalb unter dem Eindruck der landwirtschaftlichen Krise eine der größten Wahlniederlagen in der Geschichte des Staates.

3 Die Daten stammen aus einer von der Regierung von Maharashtra in Auftrag gegebenen Studie. Die Auswertung dieser Studie (der größten, die je in diesem Staat durchgeführt wurde) wurde bei einer FAO-Konferenz präsentiert, die am 3. Oktober 2006 in Delhi stattfand.

4 Das National Crimes Records Bureau (NCRB) zählte für 2008 16 196 Selbstmorde von Bauern, nur 436 weniger als 2007. Das ist landesweit etwa ein Selbstmord alle halbe Stunde. Seit 1997 gab es insgesamt 199 132 Fälle. 2008 fanden 66,6 Prozent der Bauernsuizide im so genannten Selbstmordgürtel (Maharashtra, Andhra Pradesh, Karnataka, Madhya Pradesh und Chhattisgarh) statt. Maharashtra ist mit 41 404 Fällen seit 1997 das Epizentrum. 2003 bis 2008 nahmen sich dort 11 Bauern pro Tag das Leben, von 1997 bis 2002 waren es noch 8 gewesen. Alle Angaben zitiert nach: P. Sainath: »Nearly 2 lakh farm suicides since 1997«, *India Together* 25. Januar 2010, www.indiatogether.org/2010/jan/psa-suicides.htm.

5 Detaillierte Informationen in den Publikationen von Professorin Patnaik, vor allem *Republic of Hunger,* unter www.macroscan.com.

ein 450-Gramm-Paket genetisch modifizierten Baumwollsamen zwischen 1600 und 1850 Rupien (27 bis 32 Euro). Als ein indischer Bundesstaat drohte, dagegen zu klagen, senkten sie den Preis dann plötzlich auf 750 Rupien (13 Euro). Aber selbst zu diesem Preis ist das Monsanto-Saatgut weitaus teurer als das für die hybriden Sorten, die in der Region üblich sind.

Die Standards für die Qualität des Saatguts wurden ebenfalls drastisch gesenkt. Während früher garantiert sein musste, dass mindestens 85 Prozent der Saatkörner richtig auskeimen, wurde dieser Prozentsatz in etlichen Fällen auf 60 Prozent gesenkt. Wenn ein Dorf also 1000 Tüten Saatgut kauft, lassen sich davon eigentlich nur 600 verwenden, der Rest ist Ausschuss.

Die dieses Marktsegment beherrschenden Betrugskartelle sorgen dafür, dass die Kosten für gefälschtes wie echtes Markensaatgut mittlerweile in absurde Dimensionen steigen. Andhra Pradesh ist bekannt für seine IT-Industrie. Dabei liegt der Umsatz seiner Saatgutindustrie weit höher als der seines weltweit gerühmten IT-Sektors.

Entsprechend der gängigen Weltbank- und IWF-Rezepte, die von allen Regierungen des Bundesstaats Andhra Pradesh begeistert umgesetzt wurden, sind die Kosten für Wasser und Strom enorm gestiegen. Die Stromtarife wurden praktisch über Nacht um rund 70 Prozent heraufgesetzt, und Wasser wird immer teurer, da die Wasserversorgung überall durch die Hintertür privatisiert wird.

In dieser Phase, als die Bauern solch gewaltige Kostensteigerungen verkraften mussten, begannen die Kreditquellen für sie zu versiegen. Auf dem flachen Lande machten in den letzten zehn Jahren rund 4000 Bankfilialen dicht, während die Regierung noch behauptete, das Gesamtvolumen der landwirtschaftlichen Kredite habe sich erhöht. Damit wurden die Bauern den Geldverleihern in die Arme getrieben. Kein Wunder also, dass sich die Schuldenlast der Bauern verdoppelt hat.

Im selben Zeitraum zielte die offizielle Kreditpolitik vor allem darauf ab, immer mehr Geld für die obere Mittelklasse und deren Luxuskonsum bereitzustellen. In meinen Reportagen über die Probleme der ländlichen Bevölkerung schrieb ich damals häufig über Bauern, die Selbstmord begangen hatten, weil sie Kredite auf ihre künftige Ernte nur zu extrem hohen Zinssätzen bekommen konnten. In die Stadt zurückgekehrt, fand ich einmal ein Angebot meiner Bank vor, die mir für den Kauf eines Mercedes einen Kredit zu nur 6 Prozent Zinsen anbot.

Derweil hat sich im ländlichen Indien eine ganz neue Klasse von Geldverleihern etabliert. Die wichtigste Gruppe sind die Händler von Saatgut und anderen Produktionsfaktoren, die zur Hauptkreditquelle geworden sind. Im Zuge einer Entwicklung, die unsere landwirtschaftlichen Fakultäten zu Ausbildungslabors für transnationale Unternehmen gemacht hat, übernehmen die Input-Händler auch noch die Rolle von technischen Beratern. Häufig agieren sie zudem als Aufkäufer von Ernten, die sie den Bauern zu extrem niedrigen Preisen abnehmen können, weil sie deren Verschuldung als Druckmittel einsetzen.

Der dritte Schlag, der die Bauern nach der Kreditklemme und dem Anstieg der Input-Preise traf, war der Verfall der Preise, die sie für ihre Ernte erzielen. Millionen indischer Klein- und Kleinstbauern, die weniger als ein Hektar Land besitzen, sind der Volatilität der Weltmarktpreise schutzlos ausgeliefert. Schlimmer noch: Ihre unzureichenden Absicherungen gegenüber Marktrisiken wurden gemäß den neuen Spielregeln nunmehr ganz abgeschafft. Zugleich überredete der Staat – ganz im Sinne des alten, exportorientierten Wachstumsmodells – immer mehr Bauern, nicht etwa Nahrungspflanzen für den eigenen Bedarf anzubauen, sondern »cash crops«, also zum Verkauf auf dem Weltmarkt bestimmte Produkte, die mit hohem Kostenaufwand und hohem Risiko verbunden sind.

Es besteht ein direkter Zusammenhang zwischen den von den USA und der EU gezahlten Subventionen und den Selbstmorden tausender Bauern

Ein Beispiel: Ein Bauer in Kerala hat für sein ein Hektar großes Reisfeld 7000 Rupien aufgewendet. Nach der Umstellung auf den Anbau von Vanilleschoten muss er das Zwanzigfache ausgeben. Das bedeutet für ihn höhere Kredite, eine weit größere Zinsbelastung und stark erhöhte Risiken. Und dann wird er auch noch ein Opfer manipulierter Weltmarktpreise, denn in Indien gibt es keinen Binnenmarkt für Vanille. Zunächst wurden die Bauern mit fantastischen Anfangspreisen angelockt: 2003 konnten sie für ein Kilogramm Vanille bis zu 4500 Rupien (knapp 80 Euro) erzielen. Heute liegt der Abnahmepreis bei 86 Rupien (1,50 Euro), der viele dieser Bauern in den Bankrott trieb.

Preismanipulationen sind auch auf dem Kaffee- und dem Pfeffermarkt nicht selten. Der Weltmarktpreis wird von vier großen Konzernen kontrolliert. Das erklärt, warum es selbst zu Zeiten, da Kaffee im Westen zu Höchstpreisen verkauft wurde, weiterhin Selbstmorde bei den Kaffeebauern von Kerala gab – denn die Preissteigerungen waren bei ihnen nicht angekommen. Allein in dem winzigen Territorium von Wayanad in Kerala verloren die Bauern durch den Preisverfall für Kaffee und Pfeffer innerhalb von sechs Jahren umgerechnet rund 1,2 Milliarden Euro.

Zu diesem Preisverfall haben die USA und die EU maßgeblich beigetragen. Auf der einen Seite werden die ärmeren Länder von IWF, Weltbank und WTO weiterhin dazu gedrängt, ihre Zoll- und andere Einfuhrbarrieren

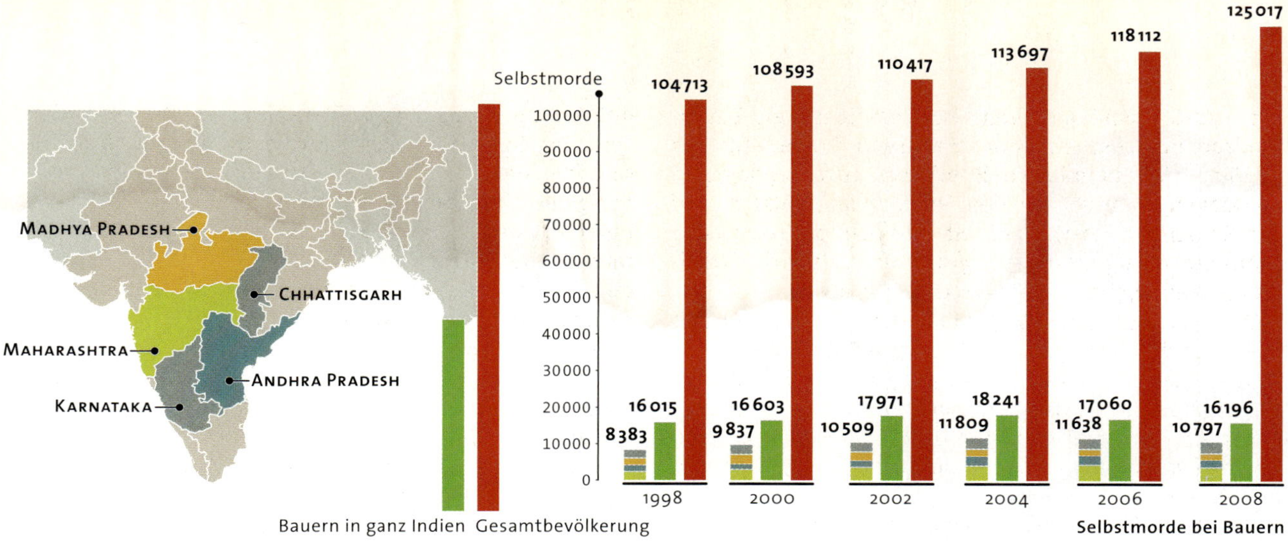

Quelle: National Crime Records Bureau (NCRB) zitiert von P. Sainath in: »Farm suicides: A 12-year saga«, www.indiatogether.org vom 3. Februar 2010
LE MONDE DIPLOMATIQUE, BERLIN

zu beseitigen und ihre ohnehin dürftigen Agrarsubventionen zu reduzieren. Auf der anderen Seite unterstützen die USA und die Europäische Union Großfarmer mit geradezu sittenwidrigen Subventionen. In diesen Ländern wird pro Kuh ein täglicher Zuschuss gezahlt, der doppelt so hoch ist wie der indische Mindestlohn für eine landwirtschaftliche Arbeitskraft, der bei 60 Rupien (knapp über 1 Euro) liegt. Vijay Jawandia, Bauernführer in Vidharbha, sagte einmal: »Der Traum eines indischen Bauern ist es, als europäische Kuh wiedergeboren zu werden.«

Im Jahr 2005 wurde die Baumwollproduktion der USA in Weltmarktpreisen auf 3,9 Milliarden Dollar geschätzt. Doch zugleich beliefen sich die Subventionen für die etwa 20 000 amerikanischen Baumwollfarmer auf 4,7 Milliarden Dollar, was zur Folge hatte, dass die Preise weltweit in den Keller gingen. Mit anderen Worten: Durch die unwirtschaftlichen, preisverzerrenden Subventionen der reichen Länder wurden die effizient wirtschaftenden Bauern der armen Länder ruiniert.

Es besteht also ein direkter Zusammenhang zwischen den von den USA und der EU gezahlten Subventionen und den Selbstmorden tausender Bauern, nicht nur in Vidharbha und Andhra, sondern auch in Afrika. Darauf wollten die Präsidenten von Burkina Faso und Mali hinweisen, als sie im Sommer 2003 in der *New York Times* einen Artikel zu dem Thema veröffentlichten.[6]

Zu alledem kommt noch der enorme Anstieg der Lebenshaltungskosten, der durch die umfassende Kommerzialisierung und Privatisierungspolitik ausgelöst wurde. Gesundheitsversorgung, Schule und Ausbildung, Verkehrsmittel, Benzin – all das kostet inzwischen mehr als je zuvor. Und dies zu einer Zeit, da die monatlichen Konsumausgaben eines bäuerlichen Haushalts pro Kopf und Monat 503 Rupien (weniger als 9 Euro) betragen. Für viele Millionen Menschen in Indien bedeutet Globalisierung nichts anderes als globalisierte Preise bei nach wie vor indischen Einkommen.

Mit der Vernichtung unserer Landwirtschaft haben wir es mittlerweile sogar geschafft, dass auch die Getreideproduktion pro Kopf zwischen 1991 und 2005 zurückgegangen ist, und zwar von 510 Gramm pro Tag auf 437 Gramm. Professorin Patnaik schätzt, dass eine arme Familie auf dem Dorf im Durchschnitt 100 Kilogramm weniger Getreide konsumiert als noch vor sechs bis acht Jahren.[7] Wobei die Menschen mit gehobenem Einkommen sich inzwischen natürlich besser ernähren als zuvor.

All diese Faktoren erklären, warum es unter der bäuerlichen Bevölkerung eine derart steigende Selbstmordrate gibt. Die Unzufriedenheit auf dem Land brachte 2004 auf nationaler Ebene die Regierung der United Progressive Alliance (UPA) an die Macht. Die Kongress-Partei als stärkste Kraft dieser Allianz verabschiedete unter dem Druck ihrer linken Bündnispartner sogar ein »Nationales Programm garantierter Beschäftigung«, das armen Familien ein Mindesteinkommen garantieren soll. Aber dieses Programm ist finanziell viel zu schwach ausgestattet, und es garantiert den Beschäftigten nur 100 Tage Arbeit im Jahr. Damit hat die UPA die grundlegende Strategie der vergangenen fünfzehn Jahre kaum verändert. Ihre Politik führt zwangsläufig dazu, dass die indische Landwirtschaft von den großen Agrobusiness-Konzernen übernommen wird. Tatsächlich war es der heutige Premierminister, der bereits 1991 als Finanzminister in der damaligen Kongress-Regierung den aggressiven Liberalisierungs- und Privatisierungskurs eingeleitet hatte.

Heute kann man dem Wirtschaftsmagazin *Forbes* entnehmen, dass Indien mit 36 Dollarmilliardären in der Weltrangliste hinter den USA, Deutschland und Russland an vierter Stelle liegt.[8] In der Rangliste des Human Development Reports liegt das Land dagegen auf Platz 128.[9] Die Kluft zwischen Reichen und Armen ist heute tiefer, als sie es jemals in Zeiten der Kolonialherrschaft war.

In Indien wächst heutzutage nicht der Software- oder Hightech-Sektor am schnellsten, sondern die Ungleichheit in allen Bereichen der Wirtschaftstätigkeit. Aufgrund des marktradikalen Entwicklungsmodells, das wir seit 1991 verfolgen, sind die großen Verlierer die Menschen, die von der Landwirtschaft leben. Und das sind noch immer fast 60 Prozent der indischen Bevölkerung.

Aus dem Englischen von Niels Kadritzke

6 Ein Beitrag von Malis Präsident Amadou Toumani Touré and Burkina Fasos Präsident Blaise Compaoré: »Your farm subsidies are strangling us«, *New York Times*, 11. Juli 2003.

7 Siehe Patnaik, a. a. O. (Anm. 5).

8 Siehe »The World's Billionaires«, Forbes.com. 2009 hat sich die Zahl von Indiens Dollarmilliardären auf 52 erhöht, nachdem sie 2008 in Folge der globalen Finanzkrise auf 27 gesunken war.

9 Siehe Human Development Report 2007/2008 des United Nations Development Programme (UNDP). 2009 fiel Indien auf Rang 134, hdr.undp.org/en/statistics/.

Erstmals erschienen in *Le Monde diplomatique* vom Januar 2008.

Tulsi Tanti, Vorsitzender und Geschäftsführer von Suzlon Energy, auf einem Podium des Weltwirtschaftsforums in Delhi im November 2008.
BILD: WORLD ECONOMIC FORUM | NORBERT SCHILLER

Tulsi Tanti macht windige Geschäfte

Der Windanlagenbauer Tulsi Tanti hat laut Forbes-Liste schon zu den acht reichsten Indern gezählt. Das war 2008. Doch 2009 ließen die Finanzkrise, hohe Reparaturkosten wegen technischer Mängel und die Folgen einer überteuerten Übernahme den Aktienkurs seiner Firma Suzlon um 85 Prozent einbrechen. Tantis Vermögen von 3 Milliarden Dollar schrumpfte laut Forbes um mindestens 2,6 Milliarden.

Der aus Rajkot im Bundesstaat Gujarat stammende Unternehmer und sein Konzern Suzlon wurden mit ihren Geschäften, die sich ausschließlich um erneuerbare Energien drehen, zum größen Windanlagenbauer in Asien und dem fünftgrößten weltweit. Trotz der Rückschläge werde er bald weltweit die Nummer drei sein, prophezeit Tulsi Tanti unbescheiden.

In das Geschäft mit den Windanlagen stieg der 52-Jährige erst 1995 ein. Davor hatte er zusammen mit seinen drei jüngeren Brüdern eine Textilfabrik in Surat betrieben. Weil die Produktion aufgrund von Stromausfällen immer wieder ins Stocken geriet, bestellten sie sich 1994 zwei Windräder aus Dänemark. Tulsi Tanti erkannte schnell, dass ein Land wie Indien, wo Stromausfälle an der Tagesordnung sind und 416 Millionen Menschen überhaupt keinen Zugang zu Elektrizität haben, enormes Potenzial für Windanlagen birgt. Die Tantis zogen nach Pune im Bundesstaat Maharashtra und begannen, selbst Windanlagen zu bauen. Seitdem hat sich ihr Unternehmen Suzlon zu einem global agierenden Konzern entwickelt. Ihre Textilfabrik haben sie längst verkauft.

Tantis rasanter Aufstieg hatte mehrere Gründe. Seine lokal produzierten Anlagen sind vergleichsweise billig. Zudem hat er von Anfang an einen Rundum-Service angeboten: Die Windanlagen und -parks werden nicht nur von Suzlon geplant, produziert und installiert, sondern auch gewartet. Und Tanti setzte früh auf globale Expansion und auf den strategischen – um nicht zu sagen aggressiven – Erwerb von Know-how im Ausland. Schon 1997 übernahm er Teile seines bankrotten deutschen Partners Südwind. Dann brachte er Suzlon an die Börse, 2006 folgte der Kauf der auf Getriebe spezialisierten belgischen Firma Hansen Transmissions. Ein Jahr später setzte sich Tanti beim Bieterkampf um den Hamburger Windanlagenbauer REpower gegen den staatlichen französischen Atomkonzern Areva durch. Das kostete Suzlon stolze 1,3 Milliarden Euro und war nach Meinung mancher Beobachter zu viel. Doch Tanti will mit den auf Großanlagen spezialisierten Hamburgern Weltmarktführer bei Offshore-Anlagen werden.

Heute ist Suzlon ein indisches transnationales Unternehmen, das in fünf Kontinenten aktiv ist. Die Konzernzentrale sitzt im westindischen Pune, das internationale Geschäft wird von Århus und Amsterdam aus gesteuert. Die Zentren für Forschung und Entwicklung sind in Hamburg und Rostock angesiedelt, in Belgien sitzen die Getriebe-Experten.

Tanti ist ständig auf Achse, reist zwischen Standorten und Kunden hin und her. 2009 konnte der Konzern seinen Umsatz nach eigenen Angaben wieder um 71 Prozent steigern, das Dreifache des Branchendurchschnitts. Tanti ist optimistisch: »Ich habe die Vision, dass unsere Anlagen in zehn Jahren zehnmal so viel Strom erzeugen wie heute.«

Sven Hansen

Die britische Eroberung

Porträt eines Mitarbeiters der East India Company (1760–63). Solche Gemälde wurden von indischen Künstlern für die Briten in Indien angefertigt und Company-Gemälde genannt. Dieses zeigt wahrscheinlich William Fullerton of Rosemount, der 1744 in die Dienste der Company eintrat und 1751 zweiter Chirurg in Kalkutta war.
BILD: VICTORIA & ALBERT MUSEUM, LONDON

1756/57 Der Paschtunen-Führer Ahmad Schah Durrani plündert Delhi, stürzt die Moguldynastie aber nicht. In der Schlacht von Plassey besiegen Truppen der East India Company den Nawab von Bengalen und weiten damit ihren Einfluss aus

1761 Briten nehmen französisches Pondicherry ein und zerstören es fast ganz, müssen es bald aber wieder an Frankreich zurückgeben.

1764 East India Company besiegt Armee des Mogulkaisers Shah Alam II. in der Schlacht von Buxar (Bihar) und kontrolliert fortan Bengalen, Bihar und Orissa.

1766–69 Erster Krieg zwischen East India Company samt indischen Verbündeten und dem südlichen Königreich Mysore, das mit Frankreich verbündet ist.

1772 Die hinduistischen Marathen erobern Delhi.

1773 Regulierungsgesetz regelt Verhältnis von East India Company und Krone. Indische Gebiete werde formal der Krone unterstellt und von der Company gepachtet. Einsetzung eines Generalgouverneurs für Bengalen. 1783/84 wird die Company zum Tochterunternehmen der Krone.

1777–83 Erster Marathenkrieg der East India Company.

1778 Briten erobern erneut das französische Pondicherry, dass sie 1783 wieder zurückgeben müssen.

1780–84 Zweiter Krieg zwischen East India Company samt indischen Verbündeten und dem mit Frankreich verbündeten südlichen Königreich Mysore.

1789–92 Dritter Krieg zwischen East India Company samt Verbündeten und dem mit Frankreich verbündeten südlichen Königreich Mysore, das wegen der französischen Revolution jedoch kaum Hilfe aus Pondicherry erhält.

1793 Der britische Generalgouverneur von Bengalen übernimmt auch Kontrolle über Bombay und Madras.

1796 East India Company übernimmt während der napoleonischen Kriege von den Niederlanden (zu der Zeit als »Batavische Republik« ein französischer Satellitenstaat) die Insel Ceylon (heute Sri Lanka), die 1802 Kronkolonie wird.

1798/99 Vierter Krieg zwischen East India Company samt Verbündeten und dem Königreich Mysore. Briten gewinnen durch Verrat und übernehmen indirekt Kontrolle über Mysore.

1799 Gründung des Sikh-Königreichs im Pandschab.

1803–05 Zweiter Marathenkrieg der East India Company

1813 Britischer East India Act erlaubt erstmals christliche Missionierung. Entsendung eines Bischofs.

1814–1816 Gurkha-Krieg (anglonepalesischer Krieg) führt zur Einsetzung eines britischen Residenten in Kathmandu.

1817/18 Dritter Marathenkrieg der East India Company, der mit Verlust der Unabhängigkeit der Marathen endet. Briten beherrschen nun ganz Indien außer Sindh, Pandschab und Assam.

1824–26 Nach erstem anglobirmanischem Krieg übernehmen die Briten Assam und Manipur.

1839–42 Rivalität russischer und britischer Interessen in Afghanistan führt zum ersten angloafghanischen Krieg, bei dem britisch-indische Truppen traumatische Verluste erleiden und sich nach erfolgreicher Strafexpedition aus Afghanistan zurückziehen.

1843/44 East India Company erobert und annektiert Sindh.

1845 East India Company erwirbt von der dänischen Ostindien-Gesellschaft Tanquebar (heute Tharangambadi in Tamil Nadu), das seit 1620 dänische Kolonie war.

1845/46 Erster Sikh-Krieg zwischen dem letzten souveränen indischen Staat Pandschab und der East India Company, die durch Verrat siegt.

1848/49 Zweiter Sikh-Krieg: East India Company annektiert den Sikh-Staat.

1852/53 Nach zweitem anglobirmanischem Krieg werden Birmas Küstenregionen Britisch-Indien einverleibt.

1857–58 Aufstand indischer Soldaten (Sepoys) gegen ihre britischen Befehlshaber. Geburtsstunde der Unabhängigkeitsbewegung führt zur Reorganisation Britisch-Indiens.

Globale Stars

Mit Salil Shetty wird erstmals ein Inder Generalsekretär der Menschenrechtsorganisation amnesty international. Shetty soll im Juni 2010 sein Amt antreten. Er leitete zuvor die UN-Millenniumskampagne sowie die internationale Nichtregierungsorganisation ActionAid. Davor hatte er in seiner Heimatstadt Bangalore, in Ahmedabad und London Wirtschaft und Sozialpolitik studiert. Bei amnesty wird er der Mann des neuen Kurses sein: Er soll die Organisation, die sich bislang für die politischen Menschenrechte und insbesondere für politische Gefangene engagierte, stärker auf den Einsatz für soziale Rechte lenken.

Auch Greenpeace hat einen indischen Chef. Genauer: Dort ist der indischstämmige Südafrikaner Kumi Naidoo seit November 2009 internationaler Geschäftsführer. Naidoo kämpfte gegen das Apartheid-Regime, wurde ins Exil gezwungen und kehrte nach dem Ende der Rassentrennung über Oxford in seine südafrikanische Heimat zurück. Dort widmete er sich fortan Menschenrechtsfragen, die auch in der Klimapolitik eine immer wichtigere Rolle spielen.

Shetty und Naidoo stehen beispielhaft für innovative globale Aktivisten mit indischen Wurzeln. Sie profitieren von der kulturellen Prägung des Subkontinents, seinem hohen

Engagierte Weltbürger

intellektuellen Niveau mit pluralistischen, freien Medien und dem Austausch mit der indischen Diaspora. Solche erfolgreichen globalen Inder gibt es auch in der Wirtschaft (Lakshmi Mittal, Hinduja-Brüder), Literatur (Amitav Ghosh, Salman Rushdie, V.S. Naipaul), Musik (Freddie Mercury, Talvin Singh, Xavier Naidoo), Film (Ben Kingsley, Mira Nair), Wissenschaft (Amartya Sen, Jagdish Bhagwati), Medien (Fareed Zakaria, Ranga Yogeshwar) bis hin zur offiziellen Politik. So haben oder hatten Singapur, Mauritius und Guayana indischstämmige Präsidenten (S.R. Nathan, Anerood Jugnauth, Cheddi Jagan) und Fidschi sowie Trinidad & Tobago solche Premierminister (Mahendra Chaudhry, Basdeo Panday).

Die weltweite Präsenz fähiger erfolgreicher Inder, oder vorsichtiger gesprochen: indischstämmiger Menschen, hat mit der britischen Kolonialherrschaft zu tun. Innerhalb des Empires gab es großen Bedarf an Arbeitskräften, und Inder, oft in Kontraktarbeit *(indentured labour),* wurden um den ganzen Erdball transportiert. So haben Staaten in der Karibik, in Afrika, in Südostasien und im Südpazifik, die einst britische Kolonien waren, noch heute einen hohen indischen Bevölkerungsanteil. In jüngerer Zeit sind es insbesondere die reichen Golfstaaten, Nordamerika, Australien und die alte Kolonialmacht Großbritannien, die indischstämmige Arbeitskräfte, gerade Wissenschaftler und Techniker, anziehen. Zum globalen Erfolg tragen die guten englischen Sprachkenntnisse bei sowie die Bildung der indischen Mittel- und Oberschicht, die ihre Kinder gern nach Nordamerika, Großbritannien oder Australien zur Ausbildung schickt.

Die Gesamtzahl der außerhalb Indiens lebenden Inder (genannt Non Resident Indians – NRI) und indischstämmigen Menschen (Person of Indian Origin – PIO) wird auf rund 25 Millionen geschätzt, was etwa der Hälfte der Zahl der so genannten Überseechinesen entspricht. Letztere haben mit ihren Investitionen stark zu Chinas Wirtschaftswachstum beigetragen. Längst sieht deshalb auch die Regierung in Delhi die Auslandsinder als wichtige Ressource an, deren Wissen und Wohlstand sie für Indiens Entwicklung nutzen will und die sie mit besonderen Programmen umwirbt. Die Hoffnungen sind gut begründet: Indiens erfolgreiche Software- und IT-Branche wurde von aus den USA zurückgekehrten Fachleuten aufgebaut.

Sven Hansen

अध्याय 3

(*Deutsch:* Kapitel; *Transliteration:* adhyay)

(3)

३

तीन

(*Deutsch:* drei; *Transliteration:* tin)

Verbündete und Gegner

Delhi sucht Verbündete

Strategien und Kalküle der indischen Außenpolitik

Von Siddharth Varadarajan Journalist und Experte für strategische Analysen bei der in Madras erscheinenden Tageszeitung *The Hindu*.

Die Gruppe der Nuklearlieferstaaten (Nuclear Suppliers Group oder NSG) ist ein Kartell von 45 Ländern, das praktisch den gesamten Welthandel für nukleares Material kontrolliert. Am 6. September 2008 beschloss die NSG, von ihren Richtlinien abweichend Indien den Erwerb atomarer Ausrüstung – inklusive nuklearer Brennstäbe – zu gestatten. Und das, obwohl Delhi dem Vertrag zur Nichtverbreitung von nuklearem Material (Nuclear Non Proliferation Treaty oder NNPT) nicht beigetreten ist. Indien ist auch nicht bereit, sich irgendwelchen Inspektionen der Internationalen Atomenergiebehörde (IAEO) zu unterwerfen. Doch im Oktober 2008 stimmte der US-Kongress einem Vertrag über nukleare Zusammenarbeit mit Delhi zu.

Die Entscheidung der NSG wäre niemals erfolgt, hätte Washington sie nicht vorangetrieben. Dieses Abkommen ist der Grundstein für eine künftige strategische Allianz mit Indien, die dazu beitragen soll, die Vorherrschaft der USA in dem riesigen asiatischen Raum vom Nahen Osten über Zentralasien bis zum Pazifik abzusichern. Die Vereinigten Staaten sehen sich selbst als eine »asiatische« Macht. US-Verteidigungsminister Robert Gates sprach im Mai 2008 von einem »pazifischen Land mit einer langfristigen Rolle in Asien« und hob hervor, die USA hätten das ihre zum Aufstieg Asiens beigetragen. Deshalb wolle man nicht, dass sich in der Region eine politische Architektur herausbildet, die Washington ausschließt.[1]

Indien und China haben sich ökonomisch so rapide entwickelt, dass Asien auf globaler Ebene eine größere Rolle spielt als je zuvor. Erstmals seit dem Aufstieg des Kapitalismus und der Moderne im Westen ist es heute denkbar, dass der Osten nicht mehr von anderen Mächten dominiert werden kann wie in früheren Epochen. Ob es so kommt, hängt allerdings großenteils von den außenpolitischen Optionen ab, über die Indien in nächster Zeit befinden wird. Umgekehrt müssen sich heute alle anderen Mächte sehr genau überlegen, wie sie auf den friedlichen Aufstieg Indiens zu einem wichtigen Machtfaktor reagieren sollen.

Indiens Establishment zweifelt an der Bereitschaft der USA und Chinas, sein Land im Kreis der globalen Mächte zu akzeptieren. Es hat wenig Probleme mit dem Bestreben der USA, sich als asiatische Macht darzustellen, solange Washington verantwortungsvoll und stabilitätsfördernd handelt. Doch es ist nicht sicher, ob die Präsenz der USA in der Region tatsächlich stabilisierend wirkt. In der geopolitischen Umgebung Indiens hatte die Politik der Bush-Regierung bekanntlich fatale Resultate – einen katastrophalen Krieg im Irak, die Gefahr eines weiteren Kriegs im Iran und der Aufstieg Nordkoreas zum Nuklearstaat. Und selbst in Afghanistan, dessen Regierung die indische Staatsführung in ihrem Kampf gegen die Taliban unterstützt, zweifelt Delhi an der politischen Weisheit Washingtons. Kritisch sieht man vor allem, dass die USA vor den klandestinen Kontakten zwischen pakistanischen Militärs und den »Neo-Taliban«[2] die Augen verschließen und lange fast nur auf militärische Operationen von Kampftruppen gesetzt haben statt auf eine Entwicklungspolitik, die das Land stabilisieren könnte.

Die Außenpolitik des heutigen Indien ist keinesfalls ausschließlich auf China und die USA fixiert. Die prospektive Großmacht muss sich auf fünf wichtigen internationalen Ebenen gleichzeitig bewegen. Die erste ist seine unmittelbare Umgebung, also Südasien. Hier hat die indische Strategie vor allem das Ziel, ein wirtschaftliches und infrastrukturelles Verbindungsnetz zu sämtlichen Staaten der Region aufzubauen, wobei allerdings die Kooperation mit Pakistan wegen des Kaschmir-Konflikts deutlich eingeschränkt bleibt.

Südasien ist allerdings noch längst nicht auf dem Weg zu einem zusammenhängenden Wirtschaftsraum. Obwohl Indiens Handel mit Südasien spektakulär zugenommen hat, gehen nur 5,5 Prozent der indischen Fertigwarenexporte in die umliegende Region, dagegen 15 Prozent nach Nordostasien und stattliche 21 Prozent in die Region »Westasien und Nordafrika«, wie das indische Handelsministerium sie nennt.[3]

Die zweite Ebene ist das Verhältnis zu den großen Weltmächten. Obwohl die USA und China auf dieser Ebene die wichtigsten Partner sind, ist Delhi sehr darauf bedacht, gute Kontakte zur Europäischen Union – insbesondere zu Großbritannien und Frankreich –, aber auch zu Russland und Japan zu pflegen und auszubauen. Wichtig sind für Indien aber auch andere aufsteigende Mächte wie Brasilien und Südafrika, mit denen man das so genannte IBSA-Dialogforum gegründet hat. Delhi ist zudem Mitglied der RIC-Troika, bestehend aus dem russischen, dem indischen und dem chinesischen Außenminister, die bei ihren jährlichen Treffen eine Reihe politischer und ökonomischer Themen erörtern.

Diese zweite Ebene hängt mit der dritten zusammen: dem außenpolitischen Engagement Indiens bei vielen

1 Rede beim 7. IISS (Asia Security Summit Shangri-La) Dialogue, Singapur, 31. Mai 2008.
2 Siehe Syed Saleem Shahzad, »Vom Aufstand zum Krieg«, *Le Monde diplomatique*, Oktober 2008.
3 Siehe die Statistik »Regionwise Indian exports for first quarter of 2007–2008«, Export-Import Data Bank, Department of Commerce, 15. Juni 2008; http://commerce.nic.in/eidb/default.asp.

US-Präsident George W. Bush und Indiens Premier Manmohan Singh als Puppen bei einer Demonstration gegen das amerikanisch-indische Nuklearabkommen am 10. Juli 2008 in der nordöstlichen Stadt Agartala (Tripura).
BILD: REUTERS | JAYANTA DEY

grenzübergreifenden Themen, die erst in den letzten Jahren aufgekommen sind. Ob Entwicklung des Welthandels oder Terrorismusbekämpfung, ob Klimawandel oder Energie- und Nahrungsmittelsicherheit, Indien tritt bei solchen Themen selbstbewusster auf und hat dabei schon des Öfteren recht ungewöhnliche Bündnisse oder Koalitionen zustande gebracht.

Die vierte Ebene der Beziehungen Indiens zur Welt ergibt sich aus der Tatsache, dass indisches Kapital sich neuerdings global engagiert. Von Bolivien, wo das indische Unternehmen Jindal große Investitionen in die Eisen- und Stahlindustrie getätigt hat, bis Europa, wo sich der Mischkonzern Tata und andere indische Großunternehmen engagieren, steht die Regierung in Delhi vor einer ganzen Reihe neuer Herausforderungen. Nachdem sie in der Vergangenheit eher indische Interessen gegen die wirtschaftlichen Forderungen anderer Regierungen verteidigen musste, ist sie heute gehalten, Lobbyarbeit für ihre Multis zu betreiben, die auf so unterschiedlichen Feldern wie in der Energie-, Stahl- oder Pharmabranche, aber auch in der IT- und der Transportindustrie tätig sind.

Die fünfte wichtige Ebene indischer Außenpolitik ist Asien als zusammenhängender geostrategischer Raum. Heute ist man sich in Indien sehr wohl bewusst, dass man die strategischen Interessen des Landes nur verfolgen kann, wenn Frieden und Stabilität auf dem Kontinent einkehren. Es ist daher keine Überraschung, dass Washington insbesondere über diese asiatische Dimension der indischen Politik irritiert ist. So haben die USA auf den indischen Vorschlag, ein asiatisches Energienetz zu schaffen, eher kühl reagiert, und noch weniger begeistert waren sie über Indiens Teilnahme als Beobachter an der Shanghai Cooperation Organisation (SCO), einem lockeren Bündnis von China, Russland und einigen zentralasiatischen Republiken. In Washington hält man dennoch die strategische Partnerschaft mit Indien für ein geeignetes Instrument, um Einfluss auf die entstehenden institutionellen Strukturen Asiens zu gewinnen.

Aktuell sehen die strategischen Planer in Delhi in den Beziehungen zu China und den Vereinigten Staaten sowohl ein Problem als auch eine Chance. Dabei wird der Aufstieg Chinas als das größte Problem wahrgenommen, als größte Chance dagegen der Glaube Washingtons an eine Interessenkongruenz mit Delhi. Doch das gilt wiederum nur eingeschränkt, denn auch zwischen China und Indien gibt es, zumal auf globaler Ebene, viele gemeinsame Interessen. Auf der anderen Seite deckt auch die Interessenkongruenz mit Washington keinesfalls alle wichtigen Fragen ab.

Indien muss also einen komplizierten Balanceakt vollbringen. In manchen Regionen wie Zentralasien bedeutet zu große Nähe zu Washington die Gefahr, dass man sich von wichtigen traditionellen Partnern wie Russland oder von potenziell wichtigen Mächten wie dem Iran distanziert oder entfremdet. Dagegen gehen die USA davon aus, dass sie Indien dazu bringen können, bei allen den asiatischen Kontinent betreffenden Fragen eng mit Washington zu kooperieren. Für Delhi wird es also schwierig sein, eine lediglich selektive Zusammenarbeit nach indischen Prioritäten zu betreiben. Problematisch ist dabei etwa der Fall Iran. Für Indiens Düngemittelhersteller und Stromerzeuger wäre das 7 Milliarden Dollar teure Projekt einer vom Iran über Pakistan nach Indien führenden Gaspipeline, über die Teheran und Islamabad verhandeln, von größtem Nutzen. Doch Regierungschef Manmohan Singh zögert, in das Projekt einzusteigen, weil er befürchtet, dass Washington dann die nukleare Zusammenarbeit wieder aufkündigen könnte.

Auch auf dem Gebiet der militärischen Rüstung könnte sich die Kooperation der beiden »strategischen Partner« als schwierig erweisen. Das Rahmenabkommen über Verteidigung vom Juni 2005 sieht eine massive Ausweitung der militärischen Zusammenarbeit vor.[4] Dabei interessiert sich Indien in erster Linie für den Technologietransfer, der der einheimischen Produktion modernster militärischer Systeme nützen würde. Washington dagegen verfolgt vor allem das Ziel, Russland als wichtigsten Ausrüster des indischen Militärs zu verdrängen, ohne zu Technologietransfer verpflichtet zu sein. Außerdem will das Pentagon im Hinblick auf künftige gemeinsame Militäraktionen in der Region die waffentechnische und operative Harmonisierung mit den indischen Streitkräften vorantreiben und Zugangsrechte zu den indischen Hafenanlagen erlangen.

Die indische Regierung hat signalisiert, dass sie für die Wünsche Washingtons offen ist.[5] Tatsächlich fanden in letzter Zeit häufiger immer umfassendere gemeinsame Manöver statt. Die militärische Kooperation Indiens mit den USA ist heute weitaus enger als die mit der Sowjetunion zu Zeiten des Kalten Krieges.[6] Aber die Inder wollen dieses Engagement auch nicht zu weit treiben. In Delhi zeigt man zum Beispiel wenig Begeisterung über das logistische Unterstützungsabkommen, das Indien vom Pentagon angetragen wird.

Eine strategische Partnerschaft mit den USA wird von weiten Kreisen der indischen Mittelklasse wie auch von den Streitkräften unter anderem deshalb befürwortet, weil man die Niederlage im Grenzkrieg mit China 1962 nicht vergessen hat. Aber in dem Maße, in dem Indien wirtschaftlich und militärisch stärker wird, erstarkt auch sein Selbstvertrauen gegenüber dem mächtigen chinesischen Nachbarn. Ein Repräsentant der Regierung in Delhi meinte kürzlich: »Das heutige China ist nicht dasselbe Land wie das, mit dem wir vor dreißig Jahren eine vorsichtige Annäherung begannen. Aber auch das heutige Indien ist nicht das von damals. Wir vergessen zu leicht, was wir erreicht haben. In unserer Beziehung zu China stehen wir heute ganz anders da.«[7]

Das erklärt vielleicht, warum sich im offiziellen Diskurs über Asien die Akzente mehr und mehr verschieben. 2005 konnte der damalige Staatsminister im Außenministerium, Shyam Saran, noch behaupten, dass die USA und Indien »zu einem besseren Gleichgewicht

4 Siddharth Varadarajan, »India is entering uncharted, risky territory«, *The Hindu*, 1. Juli 2005.
5 Siddharth Varadarajan, »Between the Nimitz and the deep blue sea«, *The Hindu*, 5. Juli 2007, www.hindu.com/2007/07/05/stories/2007070551271000.htm.
6 So die Aussage von Stephen P. Cohen in einer Anhörung des US-Repräsentantenhauses vom 25. Juni 2008; www.brookings.edu/testimony/2008/0625_india_cohen.aspx.
7 Interview mit dem Autor, 20. Juni 2008.

in der Region« beitragen. 2008 sprach der damalige Außenminister und vorherige Verteidigungsminister Pranab Mukherjee weniger von einer »Balance«, die mit Hilfe Washingtons zu erzielen sei, als von der Notwendigkeit einer Sicherheitsarchitektur für Asien, ohne die Beteiligung und die führende Rolle der USA an diesem (ziemlich biegsamen) Konzept herauszustreichen, wie es in Washington geschieht.[8]

Die meisten Politiker und außenpolitischen Experten im Westen – und etliche in Delhi – bezweifeln, dass Indien sich lange als Rivale Chinas behaupten kann. Sie erwarten vielmehr, dass Indien am Ende doch die USA um Hilfe angehen muss. Unter dem Eindruck der Avancen Washingtons – man denke an das Angebot nuklearer Zusammenarbeit und die Erklärung, man wolle Indien zum Status einer Großmacht verhelfen[9] – gehen einige Beobachter davon aus, dass die US-Regierung Indien bereits als konstanten Faktor in ihrer Strategie einer Einkreisung Chinas einplant. Und zweifellos hat die Angst vor den Folgen einer künftigen strategischen Partnerschaft Indien/USA Peking veranlasst, zusammen mit anderen Ländern den – vergeblichen – Versuch zu unternehmen, Indiens Sonderstatus bei der NSG zu blockieren.[10]

Die Dreiecksbeziehung zwischen den drei Mächten ist also ziemlich komplex. Die China-Politik der USA lässt sich keineswegs auf ein einziges Ziel (Einkreisung oder Eindämmung) reduzieren; desgleichen ist die Politik Indiens gegenüber Washington und Peking komplexer und zeugt von einigem strategischen Ehrgeiz. Und dabei wird sie dank der demokratischen Verfassung des indischen Staatswesens regelmäßig korrigiert. Denn was immer die politische Klasse über die Nützlichkeit einer militärisch-strategischen Partnerschaft mit den USA denken mag, die indischen Wähler lassen sich davon nicht leicht anstecken.

Die historische Entscheidung der Nuclear Suppliers Group, den Nuklearhandel mit Indien zu gestatten, geht hauptsächlich auf den Druck der USA zurück. Dennoch werden die Inder ihre nukleartechnische Ausrüstung eher von Frankreich und Russland beziehen – und zu weitaus günstigeren Bedingungen, als sie US-Unternehmen bieten können.[11] Wird Indien den USA den erhofften Anteil am milliardenschweren Nukleargeschäft vorenthalten? Wird es vielleicht sogar Kompensationsleistungen auf anderen Gebieten verweigern? Oder wird sich Delhi in die Pflicht genommen fühlen und in eine wirtschaftliche, militärische und politische Zusammenarbeit mit Washington einwilligen? Und dies auch auf die Gefahr hin, dass dadurch die Stabilität im gesamten Großraum Asien gefährdet wird?

Aus dem Englischen von Niels Kadritzke

8 Zitate nach A. G. Noorani, »China and South Asia«, *Frontline*, Februar 2006; www.thehindu.com/2008/06/07/stories/2008060760731200.htm.

9 »U.S. unveils plans to make India ›major world power‹ «, AFP, 26. März 2005.

10 Siddharth Varadarajan, »Inscrutable Chinese behavior at NSG meeting in Vienna«, *Mainstream*, 20. September 2008; www.mainstreamweekly.net/article940.html.

11 Siehe Rajesh Rajagopalan, »Nuclear Non-Proliferation. An Indian Perspective«, FES Briefing Paper 10. Oktober 2008; http://library.fes.de/pdf-files/iez/global/05793.pdf.

Erstmals erschienen in *Le Monde diplomatique* vom November 2008.

Nicht nur Atommacht

Indien baut sein konventionelles Militärpotenzial zügig aus – den Konkurrenten China fest im Blick

Von Olivier Zajec Berater der Compagnie Européenne d'Intelligence Stratégique (CEIS), einer privaten Consultingfirma mit Sitz in Paris und Brüssel.

Indien ist zu einer globalen Macht aufgestiegen. Dank seines Wirtschaftswachstums hat das Land einen Rang erreicht, den ihm zuvor weder seine Bevölkerungszahl verschaffen konnte noch sein 1981 erlangter Status einer halboffiziellen Atommacht. Freilich hat auch die veränderte Weltlage – vor allem das Scheitern des US-amerikanischen Unilateralismus – erheblich dazu beigetragen, dass Indien heute eine Rolle beanspruchen kann, die ihm quasi von Natur aus zusteht: als ein weiteres globales Macht- und Einflusszentrum neben den USA, China, Russland, der Europäischen Union, Japan und – vielleicht – Brasilien.

Diesen neuen Status einer aufstrebenden Weltmacht wollen die Inder nun auch im allgemeinen Bewusstsein verankern. Sie müssen also das Image einer quasi ewigen Regionalmacht loswerden, die sich noch immer der »moralischen Außenpolitik«[1] verpflichtet fühlt, wie sie die (heute äußerst kritisch betrachtete) Nehru-Zeit geprägt hat. Erst dann wird man Indien am »ewigen Fest der Großmächte« teilnehmen lassen, wie es der Schriftsteller Sunil Khilnani[2] mit milder Ironie ausgedrückt hat.

Aber schon heute ist nicht mehr denkbar, was sich der damalige US-Verteidigungsminister Donald Rumsfeld noch 2001 herausnahm, als er – noch gefangen in den Kategorien des Kalten Krieges und erzürnt über die enge nukleare Zusammenarbeit zwischen Moskau und Neu-Delhi – so weit ging, Indien als »Bedrohung für andere Völker wie die Vereinigten Staaten, Westeuropa und die westasiatischen Länder« zu bezeichnen.[3] Kein US-Politiker würde sich heute einen solchen Fehltritt leisten.

Weil die Inder von allen Großmächten mit Ausnahme Chinas umworben werden, sind sie inzwischen in der komfortablen Lage, sich ihre Verbündeten aussuchen zu können, wobei sie nie ihr Ziel eines ständigen Sitzes im UN-Sicherheitsrat aus dem Blick verlieren.

Der Politologe und Indien-Experte Christophe Jaffrelot konstatiert einen tiefgreifenden kulturellen Wandel: »Während sich Indien früher als Großhändler in Sachen Ethik gab, wird es jetzt eher zum Herold einer realistischen Auffassung von Außenpolitik.«[4] Und der Indienspezialist Harsh V. Pant, der am Londoner King's College lehrt, betont das international neu gewonnene »Selbstbewusstsein Indiens«[5].

Drei Grundpfeiler sind es, auf denen dieser Status gründet. Da ist erstens die ökonomische Entwicklung, die durch die Weltwirtschaftskrise in Gefahr geraten ist. Da ist zweitens der enorme diplomatische Erfolg des 2005 zwischen George W. Bush und Manmohan Singh ausgehandelten Abkommens über die zivile Nutzung der Atomkraft, das 2008 vom US-Kongress ratifiziert wurde. Mit diesem Abkommen, das die unverbrüchlichen Regeln des Atomwaffensperrvertrags revidiert, wird Indien (mit seinen 150 Atomsprengköpfen) quasi zu einer »verantwortungsvollen« Atommacht ernannt.[6]

Der dritte Pfeiler sind die indischen Streitkräfte. Dabei kommt der konventionellen Militärmacht eine besondere Bedeutung zu, weil in ganz Asien der Rüstungswettlauf voll entbrannt ist. Auf diesen konventionellen Sektor konzentrieren sich die meisten Debatten und Fragestellungen der indischen Strategen.

Bei den Nuklearwaffen hat Indien offenbar das erwünschte Niveau erreicht. Im Februar 2008 wurde die U-Boot-gestützte atomare Mittelstreckenrakete K-15 getestet. Indien hat so die Zweitschlagsfähigkeit erworben und ist zu einer Nuklearmacht der ersten Kategorie aufgestiegen. Dennoch gilt für die indischen Nuklearwaffen nach wie vor das Prinzip der minimalen Abschreckung und ein Erstschlagsverbot.

Sehr viel stärkere Veränderungen sind dagegen auf dem Gebiet der konventionellen Waffen denkbar. In Konkurrenz mit den westlichen Armeen und China, das seine Streitkräfte mit Riesenschritten und auf breiter Front – von der Gefechtsfeldkommunikation bis zur Raumfahrt – modernisiert, verfolgt Neu-Delhi seinen eigenen Weg, um seine konventionelle Schlagkraft zu erhöhen. Zwar ist man immer noch von operationellen Konzepten aus der Zeit des Kalten Krieges und von den seit langer Zeit maßgeblichen Waffenlieferungen aus Russland abhängig (von dort stammen 80 Prozent der Waffenimporte). Aber nun wollen die Inder mehr und mehr eigene Waffensysteme entwickeln. Zumal die wichtigsten Komponenten militärischer Macht sich in weniger als fünfzehn Jahren grundlegend verändert haben: als Folge der technologischen Revolution der Kontroll- und Kommunikationssysteme, der Herausforderungen durch irreguläre oder »asymmetrische« Kriege, der Aufrüstung im Weltall, der vielen neuen Maßnahmen zur inneren Sicherheit und der hektisch ausgebauten Überwachung und Sicherung der Schifffahrtsrouten.

An diese Trends anknüpfend bemühen sich die zivilen und militärischen Eliten, ein den indischen Verhältnissen angepasstes Sicherheitsmodell zu entwerfen. Dabei

1 Die »moralische Diplomatie«, die Indiens Außenpolitik in den ersten Jahrzehnten nach der Unabhängigkeit 1947 kennzeichnete, beruhte auf den Grundsätzen der friedlichen Koexistenz und Blockfreiheit. Sie zeugte vom Wunsch Jawaharlal Nehrus, sich von der als räuberisch und aggressiv verurteilten Realpolitik der beiden Blöcke abzusetzen.

2 Zitiert bei Martine Bulard, »Großmachtträume in Delhi«, in: *Le Monde diplomatique*, Januar 2007.

3 Siddharth Varadarajan, »Stop supply of N-fuel to India, U.S. tells Russia«, in: *The Sunday Times*, London, 18. Februar 2001.

4 Christophe Jaffrelot, »Begehrter Partner Indien«, in: *Le Monde diplomatique*, September 2006.

5 Harsh V. Pant, »La montée en puissance de l'Inde et ses ambitions nucléaires«, in: *Défense nationale et sécurité collective*, Paris, Juli 2007.

6 Die Atomwaffenexperten suchen noch nach einer befriedigenden Definition für diesen Begriff. Was ist eine verantwortungsvolle Nuklearmacht? Eine, die ihre Bomben nicht einsetzen wird? Dann fielen die USA möglicherweise in eine problematische Unterkategorie.

Indischer Soldat.
BILD [M]: GLENN HARPER

hoffen sie, durch eine stärkere Diversifizierung der Rüstungslieferungen[7] und einen fortschreitenden Mentalitätswandel eine revolutionäre Veränderung ihrer Streitkräfte zu bewerkstelligen, die nach Meinung einiger Beobachter der Tradition der kolonialen Army of India noch immer nicht ganz entwachsen ist. Zur Finanzierung dieses Programms wurde der Verteidigungshaushalt im Haushaltsjahr 2009/2010 um 23,7 Prozent auf 29 Milliarden Dollar aufgestockt.[8]

Mit mehr als 1 300 000 Frauen und Männern in Uniform besitzt Indien die drittgrößte Streitmacht der Welt nach China und den USA. Die weitaus stärkste Waffengattung ist das Heer *(siehe Kasten)*. Doch die Ausrüstung der Landstreitkräfte ist, trotz ihrer renommierten Eliteeinheiten, in einem bedenklichen Zustand. Zu den Grundübeln gehören die überalterten Waffensysteme und Transportmittel samt den Schwierigkeiten, die Geräte überhaupt einsatzfähig zu halten. Das verstärkt das Gefühl der Frustration bei den Angehörigen der Landstreitkräfte, denen ohnehin weniger Geld für Forschung und Entwicklung und für neue Waffensysteme zur Verfügung steht als ihren Kollegen von der Luftwaffe und der Kriegsmarine.

Die Indian Navy zählt zu den wichtigsten Kriegsflotten der Welt. Symbol des neu gewonnenen Status als global operierende Marine ist die Anschaffung zweier Flugzeugträger, von denen der eine aus Russland stammt und von Grund auf modernisiert wird, der andere von indischen Werften gebaut wird. Im Juli 2009 lief das erste (von fünf geplanten) nukleargetriebene U-Boot »INS Arihant« vom Stapel, das allerdings nicht vor 2012 einsatzbereit sein wird.

Die Indian Air Force (IAF) ist zweifellos die brillanteste und auch verwöhnteste Waffengattung. Die 1933 von den Briten gegründete Luftwaffe war von den vorsichtigen Kolonialherren zunächst nur für taktische Einsätze ausgestattet worden. Als die IAF nach der Unabhängigkeit US-amerikanische Jagdflugzeuge vom Typ F-104 anschaffen wollte, stand dem das Militärbündnis zwischen Pakistan und den USA im Wege. Das trieb die indische Luftwaffe für lange Zeit in die Arme der russischen Rüstungsindustrie, was zugleich die Übernahme der eher defensiven Strategie der russischen Luftwaffe bedeutete, deren Symbol die MiG-21 als Rückgrat der indischen Luftverteidigung ist. Heute strebt die indische Luftwaffe die Fähigkeit zum strategischen »Angriff in die Tiefe« *(deep attack)* an und fordert deshalb Flugzeuge, die mit denen moderner westlicher Streitkräfte vergleichbar sind. Für die IAF hat diese Anschaffung so hohe Priorität, dass sie heute weltweit der einzige Kunde ist, dem die Russen Systeme verkaufen, die moderner sind als die ihrer eigenen Luftwaffe. Die Russen entwickeln gemeinsam mit den Indern Prototypen der fünften Generation.[9]

Doch das reicht der IAF nicht mehr aus. Heute umwirbt sie vor allem Israel, Frankreich und – trotz des nach wie vor starken traditionellen Antiamerikanismus – sogar die Vereinigten Staaten. Zum Beispiel hat die indische Luftwaffe einen Bieterwettbewerb für 26 Rüstungsprogramme ausgeschrieben. Das wichtigste ist das Medium Multi-Role Combat Aircraft (MMRCA) als Kampfflugzeug der vierten Generation, von dem Indien 126 Stück für fast zwölf Milliarden Dollar anschaffen will. Um diesen »Jahrhundertvertrag« bewerben sich die europäischen Hersteller Dassault, Saab und European Aeronautic Defence and Space (EADS), der russische MiG-Konzern und die US-amerikanischen Flugzeugbauer Boeing und Lockheed Martin.[10]

Allerdings sitzt das Trauma der »technologischen Apartheid« des Kalten Krieges – wie es IAF-Luftwaffengeneral V. K. Verna nennt – so tief, dass die Inder letzten Endes eine vollkommen unabhängige Luftfahrtindustrie aufbauen wollen. Sie wollen also ihre engen Verbindungen zu den Russen, mit denen sie inzwischen sehr vertraut sind, nicht Hals über Kopf gegen eine Abhängigkeit von westlichen Lieferanten eintauschen, die zu unberechenbaren Kehrtwendungen neigen. Das Unternehmen, das die MMRCA-Ausschreibung gewinnt, muss deshalb strenge Auflagen in Sachen Technologietransfer einhalten: Die ersten 18 Flugzeuge müssen bis 2012 ausgeliefert werden, die übrigen 108 werden dann in Indien von Hindustan Aeronautics Limited (HAL) gebaut. Zudem muss das ausgewählte Unternehmen die Hälfte des Auftragsvolumens wieder in die indische Wirtschaft investieren, das sind mindestens sechs Milliarden Dollar.

Zumindest die Luftwaffe und die Marine haben das berühmte Improvisations- und Bastlergeschick *(jugaad)*, auf das die indischen Militärs früher so stolz waren, weit hinter sich gelassen. Ihr Drang nach neuen Waffensystemen und Reformen belegt vielmehr den Ehrgeiz der indischen Regierung, die Fähigkeit zu Operationen über große Entfernungen zu erwerben. Diese neue Fähigkeit war erstmals 1999 von dem damaligen Außenminister Jaswant Singh propagiert worden.[11] Dieser reflexhafte, von Technikfaszination geprägte Drang nach expansiver Machtentfaltung zur See und in der Luft mutet im Fall von Indien noch etwas künstlich an. Und das nicht nur wegen der kulturellen Prägung (die *kalapani*, die »schwarzen Wasser« des Ozeans, wurden in Indien lange Zeit für etwas Böses gehalten), sondern vor allem angesichts der gewaltigen Herausforderungen, die schon durch die unmittelbare geografische Umgebung des Landes gegeben sind.

Die Indian Air Force ist weltweit der einzige Kunde, dem die Russen Systeme verkaufen, die moderner sind als die ihrer eigenen Luftwaffe

7 2007 und 2008 stieg Israel zum (nach Auftragsvolumen) wichtigsten Rüstungslieferanten Indiens auf, nachdem über vierzig Jahre lang Russland/die Sowjetunion diese Position innehatte. Der Grund dafür ist der hohe technologische Mehrwert der israelischen Waffen (Raketenabwehr, Bordelektronik, Kommunikationssysteme, Drohnen, Satelliten).

8 Bereits im Haushalt 2008/2009 stiegen die Ausgaben um 10 Prozent. Indien gibt 2 Prozent seines BIP für Landesverteidigung aus (China 7 und Pakistan 5 Prozent).

9 Dazu gehören die Antischiff-Rakete BrahMos (Brahmaputra/Moskwa), die mit 2,5 Mach fliegt, und das noch in der Entwicklung steckende Mehrzweckkampfflugzeug Suchoi/HAL T-50 FGFA, das den US-Typen F-35 und F-22 entsprechen soll.

10 Die Angebote der beiden US-Konzerne spielten eine zentrale Rolle bei den Gesprächen von Verteidigungsminister Robert Gates im Februar und Außenministerin Hillary Clinton im Juli 2009 in Neu-Delhi.

11 Siehe dessen Buch *Defending India*, London (Palgrave Macmillan) 1999.

Quelle:
Atlas der Globalisierung, 2007.

In dem nuklear aufgerüsteten süd- und südostasiatischen Raum liegen eine ganze Reihe regionaler Konfliktherde von globaler Bedeutung: von Taiwan über die Spratley-Inseln bis nach Kaschmir. Indien mag noch so sehr darauf aus sein, die Fähigkeit zum »Sicherheitsexport« über größere Entfernungen zu entwickeln (nach dem ermutigenden oder abschreckenden Vorbild der USA) – das Land muss stets das Konfliktpotenzial mit seinen beiden Nachbarn Pakistan und China im Auge behalten. Dabei ist jede dieser beiden miteinander verbündeten Mächte für sich allein imstande, in Neu-Delhi obsessive Ängste zu mobilisieren. Zwar sehen die indischen Strategen in Pakistan nach wie vor eine Marionette Pekings – eine Sichtweise, die eigentlich der histo-

Army, Navy, Air Force

Indiens Verteidigungsetat wurde im Haushaltsjahr 2009/2010 auf stattliche 29 Milliarden Dollar erhöht, bleibt damit aber noch deutlich hinter dem Chinas zurück, der auf 70 Milliarden Dollar geschätzt wird. Die indischen Streitkräfte haben eine Stärke von 1,3 Millionen Mann, die sich wie folgt auf die drei Waffengattungen verteilen: Das Heer (Indian Army) hat 1,1 Millionen Soldaten unter Waffen. Es verfügt über fast 4000 Panzer unterschiedlichen Alters, 2800 gepanzerte Fahrzeuge, 12000 Stück Artilleriegeschütze, 150 Transporthubschrauber, 3500 Boden-Luft-Raketen und 2300 Luftabwehrkanonen. Es gliedert sich in 3 Panzerdivisionen, 8 autonome Brigaden, 32 Infanterie- und 2 Artilleriedivisionen.

Die Kriegsmarine (Indian Navy) ist 55000 Mann stark. Sie besteht aus der östlichen Flotte (Heimathafen Visakhapatnam im Golf von Bengalen) und der westlichen Flotte (Heimathafen Bombay). Mit ihrer Größe und ihren modernen Schiffen – darunter der Flugzeugträger »INS Viraat«, 63 hochseetüchtige Kriegsschiffe, 16 U-Boote, 14 Minensuchboote – zählt sie zu den größten Kriegsflotten der Welt.

Die Luftwaffe (Indian Air Force, IAF) verfügt über 170000 Mann, 852 Kampfjets und 280 Transportflugzeuge. In jüngster Zeit sind Programme zur Erneuerung der Ausrüstung angelaufen (in Bereichen wie Marineflugzeuge, Transporthubschrauber, Luftverteidigung, Luftüberlegenheitsjäger). Im Gegensatz zu anderen Staaten – vor allem China und USA – sind die Überlegungen zur Entwicklung von Weltraumwaffen noch nicht weit gediehen, obwohl sie innerhalb der IAF aufgrund der deutlichen Fortschritte Indiens auf diesem Gebiet deutlich forciert werden.

risch geprägten, aber immer noch lebendigen Fixierung auf den feindlichen Bruderstaat widerspricht –, doch sie verfolgen ganz genau die technologischen und militärischen Entwicklungen in China, die sie weit mehr beunruhigen, die sie aber auch meistens überinterpretieren.

Der Indien-Experte Harsh V. Pant kommt zu dem Schluss: »Die geopolitische Lage in Asien macht eine ›brüderliche Beziehung‹ der beiden Länder in der Zukunft sehr schwierig, wenn nicht gar unmöglich. Wenn Indien und China in den kommenden Jahren weiter aufrüsten, dann werden sie auf sicherheitspolitischer Ebene unausweichlich zu Konkurrenten.«[12]

Bestätigt wird das wachsende Misstrauen durch die Entscheidung Neu-Delhis, das chinesische Militär nicht zum zweiten Indian Ocean Naval Symposium (IONS) im Mai 2009 einzuladen.[13] Offenbar ist es für die indische Regierung nicht hinnehmbar, dass die Chinesen an diesem von ihr ins Leben gerufenen Forum teilnehmen, bei dem die Führungsstäbe aller Seestreitkräfte der Anrainer des Indischen Ozeans vertreten sind. Der Protest aus Peking war entsprechend heftig, die offiziellen Zeitungen spotteten über den »Ozean der Inder« und zogen eine Parallele zur ursprünglichen Weigerung Neu-Delhis, China den Beobachterstatus im Südasiatischen Verband für Regionale Zusammenarbeit (SAARC) zuzugestehen.[14]

Indien ist besorgt über die Kette von Marinebasen, die Peking vom Chinesischen Meer über den Indischen Ozean bis zur afrikanischen Küste (Seychellen) aufzubauen versucht. Neu-Delhi bemüht sich hartnäckig, die Chinesen aus der Region fernzuhalten, die Indien entschieden als seinen Vorhof betrachtet.[15] Doch die Dichte der globalen Schiffsbewegungen in dieser Gegend begünstigt die wachsende Präsenz der chinesischen Volksbefreiungsarmee auf einem Meer, das längst nicht mehr der Ozean der Inder ist – wenn er es denn jemals war. Wobei China auch zugutekommt, dass die übrigen Anrainerstaaten – vor allem Pakistan, Sri Lanka, Birma und bis vor kurzem auch die Malediven – gegenüber Indien gemischte Gefühle hegen. Diese maritime Rivalität zwischen Indien und China zeigt sich auch im Wettlauf um die Entsendung von Kriegsschiffen ans Horn von Afrika, wo sie somalische Piraten bekämpfen sollen.

Hinzu kommen die Dauerkonflikte um territoriale Fragen jenseits der Meere. Die Strategie und Logistik der indischen Armee ist mehr denn je auf Grenzkonflikte ausgerichtet. Der größte Unruheherd ist nach wie vor Kaschmir. Ebenfalls im Nordwesten gibt es noch den eingefrorenen Streit mit China um das kleine Gebiet Aksai Chin.[16] Für diese gesamte Nordwestfront ist das Northern Command zuständig, das über die stärksten Truppen verfügt.

Im Nordosten ist der Streit mit China um Arunachal Pradesh nach wie vor ungelöst. Die acht Bundesstaaten dieser Region, die nur durch den (maximal 40 Kilometer breiten) Korridor von Siliguri mit dem übrigen indischen Territorium verbunden sind, bleiben das Sorgenkind des Generalstabs in Neu-Delhi. In dieser Region sind zahlreiche separatistische Bewegungen aktiv, zum Beispiel die United Liberation Front of Asom (Ulfa), die der Zusammenarbeit mit Peking verdächtigt wird, weil sie die indische Oberherrschaft ablehnt.

Weiter im Süden sorgt die beständige Zuwanderung aus Bangladesch für Probleme, die der schwierigen demografischen und wirtschaftlichen Lage des muslimisch geprägten Nachbarlandes geschuldet ist. Die indische Armee versucht den Zustrom mit 50 000 Soldaten einzudämmen. Außerdem hat sie die Grenze trotz internationaler Proteste mit 4 000 Kilometern Stacheldraht gesichert und die Grenzüberwachung durch Aufklärungsdrohnen verstärkt. Hier zeigt sich erneut, dass trotz der entscheidenden Hilfe, die Indien den Bangladeschern 1971 bei ihrer Abspaltung von Westpakistan gewährte, keine besondere Zuneigung zwischen beiden Staaten entstanden ist. Chittagong, der wichtigste Hafen von Bangladesch, ist heute ein Anlaufpunkt für die chinesische Marine, nachdem Peking kräftig in den Ausbau des militärischen Teils der Hafenanlagen investiert hat.

Diese Unruheherde an den Landgrenzen bestimmen die Überlegungen zur indischen Verteidigungspolitik im gleichen Maße wie die maritime Dimension. All diese Themen werden leidenschaftlich diskutiert. In den letzten zehn Jahren sind viele Publikationen und Thinktanks zu militärischen Fragen entstanden: etwa das Centre for Air Power Studies der IAF, die Strategic Foresight Group oder die South Asia Analysis Group von Bahukutumbi Raman, dem früheren Chef der indischen Antiterrorbehörde, der auch außenpolitisch eine harte Linie vertritt.

Diese Debatten verlaufen lebhaft und teils polemisch, mitsamt den auch anderswo üblichen Rivalitäten zwischen den Lobbyisten von Heer, Marine, Luftwaffe und Raumfahrtindustrie. Dabei beziehen sich die Experten auch auf frühere operationelle Erfahrungen der indischen Armee: auf konventionelle Kriege wie den Kaschmir-Feldzug von 1947/1948, den indisch-chinesischen Grenzkrieg von 1962 und die indisch-pakistanischen Kriege 1965 und 1971, aber auch auf »begrenzte« Einsätze wie die der indischen UN-Truppen im Kongo 1961/1962 oder der indischen Friedenstruppen in Sri Lanka (1987–1990) und auf den Malediven (Operation »Cactus« 1988) sowie auf »gemischte« Operationen wie in Kaschmir (»Gletscherkrieg« von 1999).

Die Erfahrung mit Grenzkonflikten und auch die historische Tradition begünstigen nach wie vor die Domi-

> Die indischen Generäle wollen von den Fortschritten der eigenen Raumfahrtindustrie profitieren und die Weltraumrüstung vorantreiben

12 *Défense nationale et sécurité collective*, Juli 2007, op. cit.
13 Zu dem Symposium, das in Sri Lanka stattfand, waren 26 Länder, darunter Frankreich und Australien eingeladen. Siehe www.freerepublic.com/focus/f-news/2236065/posts.
14 Indien musste im November 2005 nachgeben, weil alle andere Mitgliedstaaten den Beobachterstatus Chinas befürworteten. SAARC besteht seit seiner Gründung 1985 aus Bangladesch, Bhutan, Indien, den Malediven, Nepal, Pakistan und Sri Lanka. 2005 kam Afghanistan hinzu.
15 Siehe Olivier Zajec, »Actualité et réalité du ›collier de perles‹ «, in: *Monde chinois*, Paris, Sommer 2009, sowie auch »Admiral Zheng He kehrt zurück«, in: *Le Monde diplomatique*, Oktober 2008.
16 Einen Teil dieses Territoriums hatte Pakistan 1963 an China abgetreten.

Quelle:
Atlas der Globalisierung, 2007.

nanz mechanisierter Infanteriedivisionen. Dennoch hat sich die indische Armee technologisch wie taktisch weiterentwickelt. Auch die Luftwaffe hat für ihre Einsätze gegen die Naxaliten in Zentralindien und die Unabhängigkeitsbewegungen im Nordosten[17] einige Lehren aus den Luftkämpfen von 2008 über Sri Lanka gezogen und neue Rezepte für die Aufstandsbekämpfung entwickelt (Koordination von Land- und Bodentruppen, Einsatz von Drohnen)[18]. Beim Manöver des Heeres vom Mai 2009 im Pandschab wurde ein »Blitzkrieg« gegen Pakistan simuliert, der von den kühnen Angriffstaktiken der russischen Panzerwaffe inspiriert war.

Bei diesem Manöver konnte Indien auch von den Errungenschaften in der Raumfahrt profitieren: Im April 2009 wurde der von Israel gekaufte Beobachtungssatellit Risat-2 zur Dauerüberwachung der pakistanischen Grenze in seine Umlaufbahn gebracht. Die indischen Generäle wollen von den Fortschritten der eigenen Raumfahrtindustrie profitieren und die Weltraumrüstung vorantreiben, um gegenüber Peking nicht ins Abseits zu geraten.[19]

In diesem Sinne fordern die indischen Militärs neue Investitionen in eine offensive, weltraumgestützte Abschreckungswaffe, deren militärische Logik so formuliert wird: »Im möglichen Szenario eines begrenzten Konflikts würde China nicht zögern, ausgewählte Beobachtungssatelliten zu stören oder zu beschädigen, um die indischen Kräfte zu schwächen und uns an der dringend notwendigen Aufklärung des Schlachtfelds zu hindern.«[20]

Durch all diese internen Debatten über Kriegführung hoher und niedriger Intensität ziehen sich zwei miteinander verknüpfte Diskussionsstränge, die auf die geopolitischen Herausforderungen für das neue Indien reagieren.

Die erste Diskussion kreist um die Alternative zwischen einer Strategie der Grenzverteidigung und einem anspruchsvolleren Konzept globaler Machtprojektion. Die Vertreter dieser zweiten Position haben mit Verweis auf China und dessen maritime Ambitionen im Generalstab an Boden gewonnen. Die Konkurrenz der beiden Schulen zeigt sich besonders deutlich in der Marine: Die Anhänger der alten, noch sowjetisch inspirierten Schule sehen die Flotte nur als einen Faktor, der zum atomaren Gleichgewicht in der Region beiträgt. Die Vertreter der anderen Schule, vorwiegend Absolventen der US-Militärakademien, wollen der chinesischen Expansion mit einer aggressiveren maritimen Strategie entgegentreten.

In der zweiten Diskussion geht es um die Verwundbarkeit des multikulturellen Indien durch terroristische Aktionen. Dabei wird unter Verweis auf die islamistischen Attentate vom November 2008 in Bombay eine bessere Zusammenarbeit zwischen Verteidigungs- und Innenministerium (nach dem Vorbild der militarisierten »homeland security« in den USA) gefordert. So erklärte der Finanz- und vormalige Außen- und Verteidigungsminister Pranab Mukherjee Anfang Juli 2009: »Mit den Attentaten von Bombay [vom November 2008] hat der grenzüberschreitende Terrorismus eine neue Dimension gewonnen. Hier wurde eine Schwelle überschritten. Unsere Sicherheitslage hat sich stark verschlechtert.«

Diese Ansicht hat sich inzwischen durchgesetzt. In den nächsten drei Jahren will die Regierung für mehr als 10 Milliarden Dollar die Grenzsicherung verstärken.[21] Die Zahl der indischen Spezialeinheiten soll stark ansteigen. Damit soll ein Gleichgewicht zwischen den Elitetruppen des Innenministeriums und der Armee hergestellt werden, wobei die neuen militärischen Spezialtruppen im Antiterrorkrieg und bei Häuserkämpfen einsetzbar sein sollen.

Trotz all dieser Debatten bleibt die indische Armee bei aller Hinwendung zu modernen Technologien weiterhin ein dickfelliges Wesen mit sehr begrenzter Reformbereitschaft. Zudem stellt sich die Frage, ob die Finanzkrise die militärischen Ambitionen Neu-Delhis zurückwerfen kann. Offiziell wird dies verneint. Nach Aussage von Verteidigungsstaatsminister Shri Pradeep Kumar, der bis Juli 2009 für die Rüstungsproduktion zuständig war, geht die Modernisierung der indischen Armee weiter, unbeeinträchtigt von der Finanzkrise.[22] Wenn es so kommt, wird das Nehru'sche Prinzip einer »moralischen« und blockfreien Außenpolitik endgültig ausgedient haben.

Aus dem Französischen von Sabine Jainski

17 Zu den maoistischen Naxaliten und den separatistischen Rebellengruppen im Nordosten siehe die Beiträge von Cédric Gouverneur und Subir Bhamik in diesem Heft.
18 Vgl. Arjun Subramaniam, »The use of air power in Sri Lanka: Operation Pawan and beyond«, in: *Air Power Journal,* Nr. 3, New Delhi: Center for Air Power Studies, Juli-September 2008.
19 Die indischen Militärs sind neidisch auf das System Beidou, ein eigenständiges GPS der chinesischen Armee.
20 Kaza Lalitendra, »Dragon in space: Implications for India«, in: *Air Power Journal,* siehe Anm. 18.
21 Gekauft werden unter anderem Aufklärungsdrohnen, leichte Abfangboote und Transporthubschrauber. Siehe Vivek Raghuvanshi, »India plans homeland security buys worth $ 10 billion«, in: *Defense News,* Springfield (Virginia), 31. Dezember 2008.
22 Rede vom 2. Februar 2009 beim Salon Aero India.

Erstmals erschienen in
Le Monde diplomatique
vom Oktober 2009.

Geschenke oder Geschäfte

Indien und China konkurrieren mit unterschiedlichen Strategien um Einfluss in Afghanistan

Zukünftig eine blühende Landschaft? In der Provinz Logar tätigen die Chinesen die größte ausländische Direktinvestition in der Geschichte Afghanistans.
BILD: JONATHAN MALLARD

Von Sarah Davison Freie Journalistin in Delhi.

Das neue »Große Spiel« um Afghanistan wird nicht mehr zwischen Briten und Russen ausgetragen wie das »Great Game« im 19. und frühen 20. Jahrhundert. Heute heißen die Konkurrenten Indien und China. Und der Sieger wird China sein. Zwar wird Indien bis Ende 2010 in das zerrüttete Afghanistan – mit dem es durch eine gemeinsame Geschichte von mehr als 500 Jahren verbunden ist – weit über eine Milliarde Dollar gesteckt haben, aber China baut seinen Einfluss auf das Land und die ganze Region effektiver aus.

Dabei setzen die Chinesen weniger auf staatliche Finanzhilfe denn auf Handel und Investitionen. Im April 2009 tätigten sie die größte ausländische Direktinvestition in der Geschichte Afghanistans: Für 3,5 Milliarden Dollar – mehr als das Doppelte des erwarteten Preises – kaufte die staatliche CMCC (China Metallurgical Construction Corporation) die Aynak-Kupfermine, die etwa 50 Kilometer südlich von Kabul in der von den Taliban kontrollierten Provinz Logar liegt.

»China kann eine diplomatische und politische Erfolgsgeschichte vorweisen, gegen die das Engagement Indiens eine trostlose Chronik des Scheiterns ist«, urteilt der ehemalige indische Diplomat M.K. Bhadrakumar. Den Grund sieht er darin, dass die Chinesen sich unbeirrt auf ihre Ziele konzentrieren, Indien dagegen durch seine Dauerfeindschaft mit Pakistan abgelenkt sei.

Ein vielsagendes Beispiel ist das Projekt einer Gaspipeline vom Iran über Pakistan nach Indien: Damit hätte nicht nur Abhilfe für Indiens notorische Energieknappheit geschaffen werden können, sondern auch mehr Stabilität für die Beziehungen innerhalb der Region. Und da die Leitung quer durch Afghanistan verlaufen sollte, hätte ihr Bau dort tausende von Arbeitsplätzen und dringend benötigte technische Kapazitäten geschaffen. Aber die Inder hatten Bedenken wegen der möglichen Abhängigkeit von einer Pipeline, die über pakistanisches Territorium verläuft.

Daran kann man unschwer erkennen, wo Chinas Vorteil liegt: Für Delhi ist Afghanistan eine Bühne, auf der der Streit mit Pakistan ausgetragen wird; China dagegen sieht in dem Land einen Lieferanten von Öl, Erdgas und mineralischen Rohstoffen – und einen künftigen Handelspartner. Die regionale Strategie Pekings erscheint – vor allem im Hinblick auf die Ausbeutung wichtiger Ressourcen – als durchdachter, konsistenter und pragmatischer. Und diese Strategie trägt, im Verein mit dem massiven Einsatz finanzieller Mittel, zum Aufbau gegenseitigen Vertrauens bei.

Dass die beiden künftigen Supermächte Indien und China um den Zugang zu den Rohstoffen der Region konkurrieren, ist unvermeidlich. China importiert 50 Prozent seiner Energie, Indien sogar 70 Prozent. Da aber beide Staaten gelernt haben, dass sie mit intensiver Konkurrenz die Preise in die Höhe treiben, versuchen sie heute, sich gemeinsam – oder zumindest koordiniert – um die wichtigsten Energieträger zu bemühen.

Doch gerade in Afghanistan finden sich mehrere Belege, dass das pragmatischere Vorgehen der Chinesen sich zu ihren Gunsten auswirkt. Während Indien für Afghanistan seit 2002 die stolze Summe von 1,2 Milliarden Dollar ausgegeben hat, beträgt die staatliche chinesische Entwicklungshilfe in demselben Zeitraum bescheidene

175 Millionen Dollar. Auch die Art der Projekte lässt die unterschiedlichen nationalen Strategien erkennen: In Aynak, dem zweitgrößten Kupfervorkommen der Welt, wollen die Chinesen nicht nur rund 8 000 Arbeitsplätze schaffen, sondern auch ein 400-Megawatt-Kraftwerk, eine Kupferschmelzanlage und eine Eisenbahnlinie bis zur tadschikischen Grenze bauen. Zudem wollen sie beträchtliche Investitionen in Schulen, Wohnungen und Krankenhäuser vornehmen.

Dieses Investitionsprogramm ist typisch für das chinesische Modell regionaler Entwicklungspolitik, wie es auch in Zentralasien und in Afrika umgesetzt wird: Mit wirtschaftlicher Entwicklung und den daraus resultierenden Arbeitsplätzen wird die politische Stabilität gefördert und zugleich die eigene wachsende Rohstoffnachfrage gedeckt. Wie chinesische Diplomaten in Kabul betonen, belegen diese Investitionen die Überzeugung Chinas, dass sich Afghanistan trotz der aktuellen Probleme langfristig durchaus stabilisieren kann. Zudem sei Peking daran interessiert, Nachbarn gerade dann zu unterstützen, wenn sie in Schwierigkeiten sind – in der Hoffnung, dass diese Unterstützung den künftigen Handel zu gegenseitigem Nutzen ermöglicht.

Pekings Afghanistanpolitik hat aber auch eine innerchinesische Dimension. Darauf verweist Niklas Norling, China- und Zentralasien-Experte des Stockholmer Institute for Security and Development Policy (ISDP): »Man muss das im Kontext mit dem chinesischen Entwicklungsprogramm für seine Westprovinzen sehen, das große Investitionen in diesen Provinzen bedeutet und natürlich auch engere Verbindungen mit Zentralasien, Südasien und dem Iran.« Als weitere Beispiele nennt Norling den Ausbau der Karakorum-Fernstraße und des Hafens von Gwadar nahe Karatschi in Pakistan sowie die Gaspipeline von Turkmenistan nach Xinjiang und das über 25 Jahre laufende Energieabkommen mit dem Iran, das Lieferungen im Wert von 100 Millionen US-Dollar vorsieht.

Indien seinerseits hat die Starkstromleitung nach Kabul gebaut und sich damit beliebt gemacht. Die ständigen Stromabschaltungen sind nicht mehr nötig. Heute kommt der Strom direkt aus Usbekistan, eben dank der teuren Überlandleitung, die unter schwierigen Bedingungen errichtet wurde und in über 4 000 Meter Höhe über das Salang-Gebirge führt. Bis April dieses Jahres hatte das ganze Land nur über eine Stromerzeugungskapazität von schätzungsweise 800 Megawatt verfügt. Das verhinderte jede ernsthafte industrielle Entwicklung und gefährdete die Versorgung der Bevölkerung, deren täglicher Bedarf weit über 1 000 Megawatt liegt.

Außerdem finanziert Indien auch eine ganze Reihe kleiner kommunaler Hilfsprojekte, mit Schwerpunkt in der politisch unsicheren Region im Nordabschnitt der afghanisch-pakistanischen Grenze. Und Delhi gibt viel Geld für Gesundheitsprojekte und Nahrungsmittelhilfe in Afghanistan aus und ermöglicht so ein Versorgungsniveau, das sogar höher liegt als das der Bevölkerung im eigenen Land.

Das alles hat anscheinend dennoch nicht geholfen: Am 8. Oktober 2009 explodierte eine Autobombe vor der indischen Botschaft – der zweite Anschlag auf dasselbe Gebäude innerhalb eines guten Jahres. Die beiden Bomben, die der mit al-Qaida verbundenen militanten Haqqani-Gruppe zugeschrieben werden, haben über 150 Menschen getötet und hunderte verwundet. Die Anschläge gelten als Reaktion auf die immer stärkere Präsenz der Inder in Afghanistan, das Pakistan als seinen eigenen Hinterhof betrachtet.

Indien demonstriert seine Präsenz in Afghanistan sehr selbstbewusst: mit einem großen Botschaftsgebäude im Zentrum von Kabul und vier Konsulaten in Herat, Jalalabad, Kandahar und Masar-i-Scharif. Im Gegensatz dazu gibt sich China bescheiden: ein kleines Botschaftsgebäude hinter einem rot gestrichenen Tor, das selten aufgeht, und nur das nötigste Personal. Zudem hat die Regierung in Peking über die letzten sechs Jahre deutlich weniger Geld ausgegeben, und keines der geförderten Vorhaben scheint darauf angelegt zu sein, politischen Einfluss auszuüben. Das größte Projekt ist das 25 Millionen Dollar teure Republik-Krankenhaus in Kabul, das im August 2009 eingeweiht wurde und mit seinen 250 Betten als das am besten ausgestattete Krankenhaus des Landes gilt. Die größten chinesischen Investitionen fließen dagegen in Projekte, die einen kalkulierbaren – und direkten – Gewinn abwerfen, zugleich aber auch die lokale Wirtschaftsentwicklung fördern.

Inzwischen gibt es Anzeichen dafür, dass indische Unternehmen den Konkurrenzkampf mit den chinesischen aufnehmen wollen. In Afghanistan werden gerade einige größere neue Erzvorkommen inspiziert, darunter zwei weitere Kupfererzlager und einige Kupfer-Gold-Vorkommen. Das auf 1,8 Milliarden Tonnen geschätzte Eisenerzlager von Hajigak (150 Kilometer westlich von Kabul) ist bereits zum Verkauf ausgeschrieben. Um dieses Vorkommen, das in der Nähe einer Kokerei liegt und zur Basis einer künftigen afghanischen Stahlindustrie werden könnte, konkurrieren derzeit fünf indische Unternehmen mit einem chinesischen Staatskonzern. Die Regierung in Kabul verlangt von den Interessenten zusätzlich den Bau eines Stahlwerks, einer Bahnlinie und einer Düngemittelfabrik – also Projekte, die zusätzliche Arbeitsplätze und Infrastruktur schaffen würden.

Nach Informationen von afghanischer Seite haben die Chinesen in Hajigak gute Chancen, und zwar wegen ihres Engagements bei der Aynak-Kupfermine. Die schiere Dimension dieser Projekte und die Zahl der geschaffenen Arbeitsplätze werden jedenfalls das Ansehen des siegreichen Konkurrenten ganz entscheidend aufbessern – und das in einem Staat, in dem mehr als 100 000 westliche Soldaten stationiert sind. Die weiteren politischen Entwicklungen, die sich in Afghanistan vollziehen, werden die Beziehungen zu China und Indien beeinflussen. Bislang sieht es ganz so aus, als würde China für seine Investitionen einen höheren Gewinn verbuchen.

Aus dem Englischen von Niels Kadritzke

Erstmals erschienen in *Le Monde diplomatique* vom Dezember 2009.

Jyoti Basu, Bhupesh Gupta und Sankaran Namboodripad (von links) während einer Tagung des Zentralkomitees der Indischen Kommunistischen Partei im Bundesstaat Kerala im August 1958.
BILD: LIFE | JAMES BURKE

Jyoti Basu, von 1977 bis 2000 kommunistischer Ministerpräsident in Westbengalen

Als der Kommunistenführer Jyoti Basu am 1. Januar 2010 in Kalkutta ins Krankenhaus kam, verbreiteten sich schnell Gerüchte, der 95-Jährige sei dort verstorben. Wikipedia meldete schon den Tod des Mannes, der von 1977 bis 2000 den Bundesstaat Westbengalen regiert hatte. Kein anderer Regierungschef eines indischen Bundesstaates war so lang im Amt wie er; kein kommunistischer Regierungschef der Welt wurde so oft demokratisch wiedergewählt.

Mit der Bemerkung »So leicht gibt Jyoti nicht auf« traten seine Anhänger den Gerüchten von dessen Tod entgegen. Tatsächlich hatte Basu immer wieder einen langen Atem bewiesen, manchmal sogar gegen seinen erklärten Willen. So war er weit länger Ministerpräsident, als er es selbst eigentlich wollte. Aber weil er die populärste Figur seiner Partei war, der Communist Party of India (Marxist) – CPI(M), überredete diese ihn immer wieder weiterzumachen. Dabei hatte Basus politische Karriere schon zur Kolonialzeit begonnen. Als treuer Parteimann fügte er sich, obgleich er am Ende seiner Ministerpräsidentschaft nur noch halbtags arbeiten konnte. Erst im November 2000, mit 86 Jahren, durfte er endlich abtreten. Noch weitere acht Jahre dauerte es, bis er mit 94 Jahren auch seinen Sitz im Politbüro aufgeben konnte.

Dabei hatte ihm ausgerechnet seine eigene Partei den größten Karrieresprung versagt. 1996 stand Indiens Linke vor der Regierungsübernahme in Delhi und hatte sich auf den beliebten Basu als künftigen Premier geeinigt. Erstmals hätte eine von Kommunisten geführte Linksfront in der größten Demokratie der Welt die Macht übernehmen können. Doch fundamentalistische Kräfte in der CPI(M) zwangen Basu zum Verzicht. Er bezeichnete das später als den »größten Fehler« seiner Partei.

Basu war der Sohn eines wohlhabenden Arztes aus Ostbengalen, dem heutigen Bangladesch. Beim Jurastudium in Großbritannien kam er in den 1930er-Jahren mit dem Kommunismus in Berührung. Schon dort agitierte er indische Studenten für die angestrebte Unabhängigkeit. 1940 kehrte er in sein Land zurück, 1944 wurde er Generalsekretär der Eisenbahner-Gewerkschaft. Als kommunistischer Politiker verbrachte er im Laufe der Zeit dreieinhalb Jahre im Gefängnis und zwei Jahre im Untergrund. 1977 kam in Westbengalen eine von der CPI(M) geführte Linksfront an die Macht, Basu wurde Regierungschef, setzte eine Landreform durch und stärkte die Panchayate, eine traditionelle Form der Gemeinderäte als kommunale Selbstverwaltung. Das sicherte seiner Partei fortan die Mehrheit. Erst in jüngster Zeit musste sie Rückschläge hinnehmen.

Basu selbst war ein Pragmatiker, der zuletzt sogar westliche Großkonzerne hofierte, um Investitionen in seinen Bundesstaat zu locken, nachdem die industrielle Entwicklung unter seiner Herrschaft lange stagniert hatte. Anfang 2010 sollte er das Krankenbett in Kalkutta, zu dem zahlreiche nationale Politgrößen pilgerten, dann doch nicht mehr lebend verlassen. Er starb am 17. Januar.

Sven Hansen

Proklamation Queen Victorias zur Kaiserin von Indien in Delhi am 1. Januar 1877: zeitgenössische englische Gravur.
BILD: ULLSTEIN BILDERDIENST

Britische Herrschaft (Raj)

1858 Indien wird Kronkolonie: Das britische Parlament entmachtet die East India Company, deren Behandlung der Inder für den Sepoy-Aufstand mitverantwortlich gemacht wird. Der letzte indische Großmogul wird nach Birma verbannt.

1861 Laut Volkszählung leben 125 945 Briten in Indien, davon 84 083 Militärs.

1872 Der britische Generalgouverneur und Vizekönig Richard Bourke, der 6. Lord Mayo, wird auf den Andamanen von einem Paschtunen ermordet

1874 Die East India Company wird offiziell aufgelöst.

1876–78 Hungersnot in Süd- und Südwestindien mit 6,1 bis 10,3 Millionen Toten.

1877 Königin Victoria wird Kaiserin von Indien.

1878–80 Nach zweitem anglo-afghanischen Krieg kontrollieren die Briten die afghanische Außenpolitik, ziehen sich aber 1881 aus Afghanistan zurück.

1885 Gründung des Indischen Nationalkongresses (»Kongresspartei«) in Pune, um mehr Einfluss für gebildete Inder zu erzielen. Dritter anglo-birmanischer Krieg macht ganz Birma zur Provinz Britisch-Indiens (bis 1937)

1892 Der Parse Dadabhai Naoroji, ein Mitbegründer des Indischen Nationalkongresses, wird als erster Asiate ins britische Unterhaus gewählt.

1893 Die paschtunische Gebiete teilende Durand-Linie grenzt Britisch-Indien (heute Pakistan) gegen Afghanistan ab.

1896/97 und **1899/1900** Hungersnöte, ausgehend von Zentralindien, mit zusammen 6,1 bis 19 Millionen Toten.

1896–98 Ausbruch der Pest in Bombay und Kalkutta, die in den nächsten dreißig Jahren in Indien 12,5 Millionen Tote fordert. Gegenmaßnahmen der Kolonialregierung führen 1897 zum Widerstand indischer Nationalisten.

1902 Nach Victorias Tod wird Edward VII. Kaiser von Indien.

1905 Teilung Bengalens (bis 1911) führt zu antibritischen Protesten.

1906/07 Gründung der Muslimliga in Dhaka und Spaltung der Kongresspartei.

1909 Indian Councils Act erlaubt Wahl von Indern in koloniale Regierungs- und Verwaltungsräte und soll antibritische Stimmung nach der Teilung Bengalens beschwichtigen, bleibt aber hinter Forderungen des Nationalkongresses zurück.

1911 Die Hauptstadt Britisch-Indiens wird von Kalkutta nach Neu-Delhi verlegt, das 1931 offiziell eingeweiht wird.

1913 Der bengalische Dichter Rabindranath Tagore erhält den Literaturnobelpreis.

1914–18 Am Ersten Weltkrieg nehmen bis 1,3 Millionen Inder auf Seiten Großbritanniens teil, mehr als 43 000 sterben.

1916 Im Lucknow-Pakt fordern der Indische Nationalkongress und die Muslimliga gemeinsam die Unabhängigkeit.

1918/19 Nach dem Montagu-Chelmsfort-Bericht werden mit dem Government of India Act Reformen eingeführt: Die Beteiligung von Indern an der Verwaltung Britisch-Indiens wird vergrößert.

Die East India Company

Die britische East India Company hat in ihrer Heimat einige Menschen sehr reich gemacht. Dafür hat sie außerhalb Europas, vor allem in Indien, unzählige Menschen ausgebeutet, unterworfen und gedemütigt. Sie hat den Kapitalismus globalisiert und zusammen mit der Niederländischen Ostindien-Kompanie die Aktiengesellschaft als Unternehmensform etabliert. Beide Kompanien sorgten dafür, dass die Europäer mehrere Jahrhunderte lang den Welthandel dominierten.

Die East India Company agierte als Staat im Staate und entzog sich einer wirksamen Kontrolle. Sie war so mächtig, dass sie entscheidenden Einfluss auf die Regierung in London nahm, und verfügte in Indien über eine eigene Armee von zeitweilig bis zu 150 000 (zumeist indischen) Soldaten. Und sie prägte das Schicksal ganzer Nationen. So lösten Teelieferungen der Company 1773 die Boston Tea Party aus, die zum Ausbruch des amerikanischen Unabhängigkeitskriegs führte. In St. Helena bewachte die Company von 1815 bis 1821 Napoleon Bonaparte. Sie machte Millionen Chinesen abhängig von Opium, das in Indien produziert wurde. Als China diesen Handel unterbinden wollte, kam es zum Ersten Opiumkrieg, in

Imperiale Kaufleute

dessen Folge es 1842 Hongkong an die Briten abtreten musste. Die Company bescherte dem bengalischen Darjeeling den Teeanbau, den Briten die Teepause, Pakistan den Schlafmohnanbau und Bengalen 1770 eine Hungersnot mit Millionen Toten.

Angefangen hat es im Jahr 1600 mit dem Versuch britischer Kaufleute, am Gewürzhandel mit Ostindien (womit vor allem das heutige Indonesien gemeint war) zu verdienen. Dafür erhielten sie von Queen Elizabeth I. ein Handelsmonopol zwischen dem Kap der guten Hoffnung und der Straße von Malakka. Die Company entwickelte einen komplexen interkontinentalen Warenkreislauf: Mit in Europa gekauftem Silber aus Lateinamerika erwarb sie in Indien Baumwolle. Die tauschte sie in Java gegen Gewürze aus den Molukken und brachte diese mit Baumwolle, Indigo und Salpeter aus Indien nach Europa.

Doch die Briten konnten sich im Gewürzhandel gegen die Holländer nicht durchsetzen, und so konzentrierten sie sich auf Südasien und den Handel mit Textilien und Tee. Bereits 1615 erhielt die East India Company vom Mogulkaiser exklusive Handelsrechte. 1670 bekam sie von der britischen Krone das Recht zugesprochen, Krieg zu führen und Frieden zu schließen, Territorien zu erwerben, Geld zu prägen und in ihren überseeischen Gebieten die Strafgerichtsbarkeit auszuüben.

Nach dem Sieg in der Schlacht von Plassey 1757 übertrug ihr der Nawab von Bengalen das Recht, Steuern einzutreiben. Damit hatte die Company, die immer häufiger mit militärischen Mitteln in die indische Binnenpolitik eingriff und nach dem Prinzip »teile und herrsche« vorging, eigentlich alles, was ein eigener Staat so braucht. Aber ihr ging es nicht um das Gemeinwohl, sondern allein um ihre Profitmaximierung sowohl in Indien wie in Großbritannien. Dabei war die Company mit der Verwaltung des riesigen Gebietes überfordert. Beunruhigt wegen der grassierenden Korruption erließ London 1773 und 1784 Regulierungsgesetze. Diese verwandelten das Handelsunternehmen, das seinen territorialen Besitz in das britische Empire integrierte, in eine koloniale Verwaltungsgesellschaft der Krone.

Die Misswirtschaft der einzigen AG, die je ein Großreich beherrschte, führte 1857 zum großen Aufstand. Der konnte zwar niedergeschlagen werden, doch übernahm darauf die britische Krone in Indien selbst die Macht. 1874 wurde die East India Company nach 274 Jahren aufgelöst. Das Misstrauen, das Indiens Elite bis heute gegenüber westlichen Konzernen und Regierungen hegt, geht nicht zuletzt auf diese Firma zurück, die als Handeltreibende kam und als brutaler imperialer Herrscher blieb.

Sven Hansen

4

अध्याय

(*Deutsch:* Kapitel; *Transliteration:* adhyay)

(4)

४

चार

(*Deutsch:* vier; *Transliteration:* char)

Geschichte und Kolonialismus

Kolonialgeschichten von unten

Kontroversen über die Vergangenheit prägen bis heute die öffentlichen Debatten

Von Partha Chatterjee*

*Professor am Zentrum für Gesellschaftswissenschaften in Kalkutta und an der Columbia University. Autor u. a. von *Community, Gender and Violence. Subaltern Studies XI*, Columbia University Press 2001; und *Writings on South Asian History and Society. Subaltern Studies VII*, Oxford University Press 1994.

Während eines Besuchs in Pakistan im Juni 2005 bot der indische Oppositionsführer Lal Krishna Advani, damals noch Vorsitzender der rechtsgerichteten Hindupartei Bharatiya Janata (BJP), seinen Zuhörern eine Überraschung. Er behauptete, der pakistanische Staatsgründer Mohammed Ali Jinnah (1876–1948) habe sich kurz vor der Unabhängigkeit Pakistans, im August 1947, für die Gleichheit der bürgerlichen und religiösen Rechte aller Pakistaner, ob Muslim, Hindu oder Christ, ausgesprochen und sich damit zur Laizität bekannt. Diese Äußerung löste in der BJP ein regelrechtes Erdbeben aus, hatte die Partei doch Jinnah stets die Hauptverantwortung für die Teilung des Subkontinents nach Religionsgrenzen zugeschrieben. Auf Druck des ultrarechten BJP-Flügels musste Advani ein halbes Jahr später den Parteivorsitz niederlegen.

Einige Tage nach Advanis Auftritt erklärte der indische Premierminister Manmohan Singh, bei der Entgegennahme der Ehrendoktorwürde in Oxford, die britische Kolonialherrschaft habe Indien zwar ökonomisch ausgebeutet, aber auch Gutes hinterlassen: die Institutionen des Rechtsstaats, eine professionelle Verwaltung, Pressefreiheit sowie moderne Universitäten und Forschungslabors. Auch diese Rede löste heftige Diskussionen aus. Empörte Stimmen meinten, der Premierminister habe das Andenken an die Märtyrer der Unabhängigkeit besudelt. Andere lobten, seine Rede stehe für ein neues nationales Selbstbewusstsein, das erst eine aufrichtige Bilanz der kolonialen Vergangenheit möglich mache.

Eine dritte interessante Episode ist der Streit um das berühmte Mausoleum Taj Mahal von Agra, das der Großmogul Shah Jahan zum Gedenken an seine 1631 verstorbene Hauptfrau Mumtaz Mahal (Arjumand Bano Begum) errichten ließ. Der Verwaltungsrat der sunnitischen Kultstätten erhob vor einigen Jahren Besitzansprüche auf dieses architektonische Denkmal, dessen Pflege der staatlichen Archäologiebehörde obliegt. Die Sunniten behaupten, das Grabmal sei ursprünglich während des Mogulreichs eine religiöse Stiftung des Herrschers gewesen. Seit seiner Errichtung im 17. Jahrhundert sei dort jeden Freitag gebetet worden. Es handele sich also nicht um ein historisches Bauwerk, sondern um eine Moschee. Mehrere Fachhistoriker haben diese Behauptung in Frage gestellt. In Zukunft wird es wohl noch etliche Kontroversen um die Legitimität des Staatseigentums an historischen Kultstätten geben.

Der heftigste Streit der letzten Jahre entzündete sich am historischen Erbe an einer Moschee aus dem 16. Jahrhundert in Ayodhya, die angeblich auf den Ruinen eines Hindutempels errichtet ist. Als der BJP-Führer Advani 1990 forderte, auf dem Gelände der Moschee einen neuen Tempel zu errichten, kam es zu gewaltsamen Auseinandersetzungen zwischen Hindus und Muslimen im ganzen Land mit tausenden von Toten. Im Lauf der endlosen politischen und juristischen Auseinandersetzungen kamen sogar mehrere Regierungen zu Fall.

Das öffentliche Leben in Indien steht häufig im Zeichen historischer Kontroversen. So gibt es ständig unzählige Diskussionen – auf regionaler wie nationaler Ebene – über Schulbücher und Bauwerke, über historische Filme und Romane, über Festlichkeiten und Riten, über die Namensgebung von Plätzen und Institutionen, über die indische Flagge und die Nationalhymne. Entsprechend wird der historischen Forschung immer wieder ein breites öffentliches Interesse zuteil, und die Debatten innerhalb der Fachdisziplin bleiben vom politischen Tagesgeschehen nicht unbeeinflusst.

Mitte der 1970er-Jahre gab es in Indien zwei große konkurrierende Schulen moderner Geschichtsschreibung. Die eine – vorwiegend Forscher, die in Cambridge lehrten – erklärte, der indische Nationalismus sei aus dem Machtstreben einer kleinen einheimischen Elite entsprungen, die es verstanden habe, die traditionellen Bindungen des Kasten- und Gemeinschaftswesens für sich zu nutzen, um die Massen gegen die britischen Kolonialherren zu mobilisieren. Die Schule der nationalistischen Historiker vertrat hingegen den Standpunkt, die materiellen Bedingungen der kolonialen Ausbeutung hätten den Zusammenschluss der unterschiedlichen sozialen Klassen begünstigt, während die Anführer den gemeinsamen Kampf für die Unabhängigkeit lediglich angespornt und organisiert hätten.

Anfang der 1980er-Jahre kam ein dritter Forschungsansatz mit dem Projekt der »Subaltern Studies« hinzu, die den Widerstand gegen die Kolonialherrschaft aus der Perspektive der Unterschichten und Minderheiten erforschen. Angeregt durch die Arbeiten des italienischen Marxisten Antonio Gramsci (1881–1937), lehnten die Historiker der postkolonialen »Subaltern Studies« die Schule von Cambridge und die nationalistische Schule gleichermaßen ab. Die Erstere kritisierten sie als kolonialen und die Letztere als nationalistischen Elitismus.[1] Beide Ansätze würden die Unabhängigkeitsbewegung

1 Unter den zwölf Aufsatzbänden, die bisher erschienen sind: Ranajit Guha (Hg.), *Subaltern Studies I–VI*, Delhi (Oxford University Press) 1982–89; David Arnold und David Hardiman (Hg.), *Subaltern Studies VIII*, Delhi (Oxford University Press) 1992; Shahid Amin und Dipesh Chakrabarty (Hg.), *Subaltern Studies IX*, Delhi (Oxford University Press) 1996; Shail Mayaram, M.S.S. Pandian und Ajay Skaria (Hg.), *Subaltern Studies XII*, Delhi (Permanent Black) 2005.

Die Regierungsassistentin Sushma Prasad im Sekretariat des Kabinetts von Bihar. Aus der Serie »Bürokraten«.
BILD: JAN BANNING

auf das Wirken einer Elite zurückführen, während die »subalternen« Klassen als unabhängig Handelnde, als Subjekte von Geschichte, gar nicht vorkämen.

Seit den 1980er-Jahren konkurrieren diese drei Ansätze um die Interpretation der modernen Geschichte Indiens. Ein Hauptpunkt der Auseinandersetzung ist die Rolle der Landbevölkerung innerhalb der Unabhängigkeitsbewegung. Die Resultate der »Subaltern Studies« haben gezeigt, dass zwar immer wieder Angehörige aus der Unterschicht, Landarbeiter wie Fabrikarbeiter, in der Unabhängigkeitsbewegung aktiv waren. Aber vielfach hätten sie sich der Bewegung – trotz aller Bemühungen der nationalistischen Führer – nicht anschließen wollen oder sich nach anfänglichem Engagement wieder zurückgezogen. Die Ziele, Strategien und Methoden »subalterner« Politik unterschieden sich von denen der Eliten. Anders gesagt: Der Nationalismus der Eliten war nicht identisch mit dem der Unterschichten.

politischen Raum des Staates ausgeschlossen. In den »Subaltern Studies« gab es anfangs, wenn auch nicht durchweg, eine starke Affinität zu Mao Tse-tung, der in den 1970er-Jahren in Indien viele Anhänger fand.

Die Kritiker der »Subaltern Studies« behaupteten deshalb des Öfteren, hier werde der bewaffnete bäuerliche Aufstand, der in dieser Form gar nicht stattgefunden habe, romantisiert. Andere waren der Ansicht, die Historiker der »Subaltern Studies« unterstützten subversive politische Ansichten, indem sie die eigenständige historische Rolle der Unterschichten betonten und die Einigkeit innerhalb der Unabhängigkeitsbewegung in Frage stellten.

In der Frühphase der »Subaltern Studies« wurden deren Arbeiten häufig mit dem Ansatz der »Geschichte von unten« im Sinne der britischen marxistischen Historikerschule in Verbindung gebracht. Nun wurden zwar die Arbeiten von Christopher Hill, E.P. Thompson, Eric

Das historische Material war eindeutig: Die Unterschichten entsprechen nicht dem Idealbild, das man sich von ihnen gemacht hatte

In ihrer ersten Phase konzentrierten sich die »Subaltern Studies« auf die Untersuchung bäuerlicher Aufstände in verschiedenen Regionen und Perioden der Geschichte Südasiens. Man hatte Quellen gefunden, in denen Angehörige der Unterschichten selbst zu Wort kommen.[2] Aber solche Funde haben eher Seltenheitswert. Also begann man, die offiziellen Dokumente über bäuerliche Aufstände mit anderen Augen zu lesen. Die Forscher versuchten, die von Beamten geschriebenen Berichte aus der Perspektive des rebellischen Bauern zu lesen, um zu erfahren, was der gewusst oder gedacht haben könnte.

Diese neue Art von Quellenexegese entlarvte zugleich die Ignoranz der alten Schulen. Denn frühere Historikergenerationen hatten selbst dann, wenn sie keinen »elitären« Ansatz hatten, die für das Verständnis der Unterschichten-Mentalität überaus wichtigen und signifikanten Begriffe nicht erkannt, weil sie alles, was sie als mythisch, illusorisch, millennaristisch oder utopisch empfanden, entweder ignorierten oder mit einer »rationalen« und verkürzenden Erklärung abtaten. Als Folge dieser historiografischen Praxis versuchte man, häufig unabsichtlich, die wilden, ungebärdigen Züge der Unterschichtenrebellion irgendwie in das rationalistische Raster des Elitedenkens einzupassen. Die autonome Geschichte der unteren Klassen – oder besser die spezifischen Spuren, die sie hinterlassen haben – ging in dieser Art von Geschichtsschreibung vollständig unter.

Die Analysen der »Subaltern Studies« über den bäuerlichen Widerstand im kolonisierten Indien enthielten zugleich eine scharfe Kritik an der nationalistisch ausgerichteten bürgerlichen Politik: Der postkoloniale Nationalstaat habe die Unterschichten zwar in die imaginäre Sphäre der Nation einbezogen, sie aber aus dem realen

Hobsbawm, den Forschern der History Workshops oder auch die von französischen Sozialwissenschaftlern wie Emmanuel Le Roy Ladurie für methodische Anregungen zur Erforschung von Alltagsgeschichte eifrig studiert; aber es gab einen wesentlichen Unterschied: Die »Subaltern Studies« konnten nie eine »Geschichte von unten« im Sinne westlicher Historiker sein. Die historische Darstellung der westlichen Moderne wurde erst komplettiert, indem man auch die »vergessenen« Geschichten der kleinen Leute zu erzählen begann. Doch keine dieser Schilderungen könnte einen auf die Idee bringen, dass hier die Existenz, die Beständigkeit oder die historische Legitimation der kapitalistischen Moderne in Frage gestellt worden wäre. So überrascht es auch nicht, dass die »Geschichte von unten« unweigerlich tragische Züge hat.

Die historische Erzählweise der »Geschichte von unten« kann aber nicht einfach so auf Länder wie Indien übertragen werden. So wehrten sich die Forscher der »Subaltern Studies« gegen die historizistische Orthodoxie, laut der sich alles, was im Westen geschehen war, notwendigerweise in Indien zu wiederholen habe. Sie lehnten es ab, die Parameter moderner Strukturgeschichte als Leitfaden für das historische Narrativ der ehemaligen Kolonialländer zu übernehmen. Deshalb sah man mit Skepsis auf die herrschenden Modelle sowohl der liberal-nationalistischen als auch der marxistischen Geschichtsschreibung.

Die »Subaltern Studies«-Forscher wollten die Geschichte des modernen Indien nicht als Konkretisierung einer von den großen Theoretikern der westlichen Welt gedachten Modernität konstruieren. Dieser wissenschaftliche Widerstand, der schon in den Anfängen der »Subaltern Studies« zutage trat, artikuliert sich später auch in den Diskussionen über »andere Modernisierungen«.

2 Wegweisendes Werk dieser Studien: Ranajit Guha, *Elementary Aspects of Peasant Insurgency in Colonial India*, Delhi (Oxford University Press) 1983.